基本が
わかる!

しっかり
役立つ!

はじめての

『簿記』

Oshita Wataru

大下航

監修

ナツメ社

簿記を知れば
経理も決算も怖くない

3

第3章

日常の簿記をマスターしよう

決算の簿記を攻略しよう

2人に簿記を教える
先生（公認会計士／
税理士）

缶詰卸売会社の営業
部員。簿記初心者だ
けど経理の手伝いを
することに

事務所にいる
先生の弟子

フリーデザイナー
の個人事業主。
簿記の勉強を始め
たばかり

監修者からのひとこと

　簿記は、「会社の経済活動を記録して、決算書を作成するための技術」
です。ごく簡単に言い換えると、簿記はお金の記録です。ビジネスには
お金はつきものですから、経理担当者でなくても、簿記の知識があると
役立つ場面がたくさんあります。

　しかし、いざ簿記を勉強しようと思っても、初心者にとってのハードル
は低いとはいえません。「簿記特有の用語がわからない」「仕訳のルール
が覚えられない」「数字が苦手」といった壁にぶつかると、途中で諦め
たくもなるでしょう。そこで本書は、最低限必要なことを、できるだけ
やさしい言葉と漫画でわかりやすくまとめました。実務でよくある取引、
仕訳に困りがちな事例、決算での処理などを多数掲載しています。

　簿記を勉強する最初の一歩を踏み出し、簿記の用語やルールに親しむ
ことに、本書が少しでも役立てれば幸いです。

税理士法人千代田タックスパートナーズ　代表社員

大下 航

1

簿記の全体像を
ざっくりつかもう

簿記は経理の仕事に欠かせない知識です。

簿記がどんなものか？

簿記でできることは何か？

まずは簿記の基本知識を押さえましょう。

「お金の出入り」を記録できる

Q 簿記を知っておくといいといわれたけれど、そもそも簿記って何ですか？

A "帳簿に記入（記録）する"ことを「簿記」というよ。家計簿やお小遣い帳をつけることも簿記といえるんだ

取 引を記録して「決算書」を作るスキル

　お金の出入りを一定のルールで記録・集計する技術を簿記といい、記録方法によって「単式簿記」と「複式簿記」の２種類に分けられます。

　単式簿記は、小遣い帳のように現金の出入りを記録するもので、支出の内訳や収支を見える化できます。一方、経理で使われる複式簿記は、もう少し複雑。現金以外にさまざまな形で出入りするお金やモノを一つひとつ記録していきます。それにより、**お金の動きだけでなく、商品や借入金などの財産や儲けの増減を、より正確かつ詳細に記録することができる**のです。一般に、簿記といえばこの複式簿記を指します。

本書では複式簿記（商業簿記）を紹介していくよ

シンプルなお小遣い帳では、現金の出入りや残高を知ることができるが、購入したモノの在庫や詳細な内訳などはわからない。

記入法が違う「単式簿記」と「複式簿記」

単式簿記	● お小遣いや家計簿 ● 現金の残高がわかる ● 現金の増減を記録

日付	内容	収入	支出	残高
6/2	給与口座から	50,000		58,200
6/3	食費		4,500	53,700
6/4	日用品		3,800	49,900
6/6	電車代など		1,480	48,420

複式簿記	● 経理で使われる ● 現金のほか商品や借入金などの増減も記録 ● 現金、商品や借入金の残高などがわかる

簿記といえば
複式簿記 のこと！

仕訳帳

日付	借方		貸方		摘要
	科目	金額	科目	金額	
9/2	仕入	150,000	買掛金	150,000	○○食品から仕入れ
9/3	現金	120,000	売上	120,000	△△デパートに販売
9/3	消耗品費	1,500	現金	1,500	□□文具　掃除用具

業種によって
さまざまな簿記がある

　簿記は業種の特性に合わせて種類が分かれます。もっとも一般的なのは小売業やサービス業で使われる「商業簿記」。ほかに右のような種類もありますが、考え方のベースは商業簿記と同じです。

業種別
商業簿記	銀行簿記
工業簿記	農業簿記
建設業簿記	

会社の儲けや財産を集計できる

会社の簿記（複式簿記）が
優れているのは、
どんなところ？

A

一定期間の記録を集計する
ことで、会社の儲けや財産
をまとめた「決算書」を作
ることができるよ

1年の区切りで記録をまとめる

簿記の年間スケジュール

3月期決算（4月1日〜3月31日までの1年間を1会計期間とする）の場合

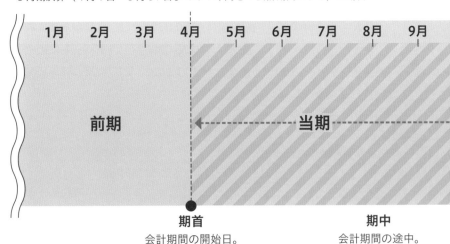

| 1月 | 2月 | 3月 | 4月 | 5月 | 6月 | 7月 | 8月 | 9月 |

前期

当期

期首
会計期間の開始日。

期中
会計期間の途中。

個人事業主の場合は12月決算（1月1日〜12月31日までの1年間を会計期間とする）と
決められている。

簿記の最終目標は、決算書を作ること

　簿記はひたすら記録するだけではなく、一定の期間（1会計期間）の記録を整理・集計してまとめる技術でもあります。会社は、ずっと続いていくものとして活動していますが、ビジネスの成果を明らかにしたり、税額を計算したりするために、**期間を区切って儲けや損を計算して財産状況をまとめる必要があります。これを「決算」といい、とりまとめた報告書を**「決算書」といいます。

　すべての会社は年に1回以上、決算書を作ることが義務付けられています。4月1日〜3月31日までの1年で区切り、3月末に決算を行う場合、下のようなスケジュールで手続きが行われます。1年以内であれば期間の設定は会社ごとに自由に決めることができます。

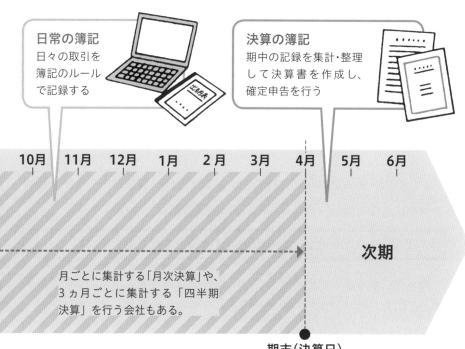

日常の簿記
日々の取引を
簿記のルール
で記録する

決算の簿記
期中の記録を集計・整理
して決算書を作成し、
確定申告を行う

| 10月 | 11月 | 12月 | 1月 | 2月 | 3月 | 4月 | 5月 | 6月 |

次期

月ごとに集計する「月次決算」や、
3ヵ月ごとに集計する「四半期
決算」を行う会社もある。

期末（決算日）
会計期間の終了日。

会社の数字が
すっと理解できる

簿記の知識が身につくと、どうして会社の数字に強くなるの？

決算書は経営状態を数字で表したもの。簿記がわかると、お金の動きや、利益のしくみが見えてくるよ

会 社の経営状態を判断できる

　決算書は、その会社がいくら儲けたか・損したか、どれくらいの資産をもっているか・借金があるかなどがひと目でわかる、会社の健康診断書のようなもの。そのため、社内外のさまざまな人は、決算書を見ながら経営が順調かどうかを判断したり、経営方針を検討したりしています。

POINT　決算書＝会社との今後の付き合い方を考える判断材料

　簿記がわかると、会計の視点から会社の経営状態をつかむことができます。どの会社の決算書も、複式簿記という共通の会計ルールにのっとって作られています。さまざまな決算書を読み込むことで、将来のビジネスや投資、就職などに役立ちます。

非上場企業の決算書は、株主などの関係者以外はなかなか見られない。上場企業の決算書は、会社のホームページなどで公開されるため、誰でも簡単に見ることができる。

さまざまな人が会社の数字を見る

税務署、取引相手、金融機関、株主など会社と利害関係にある人たち（ステークホルダー）が決算書を必要としている。決算書に含まれる主な書類は「貸借対照表」「損益計算書」の2つ。

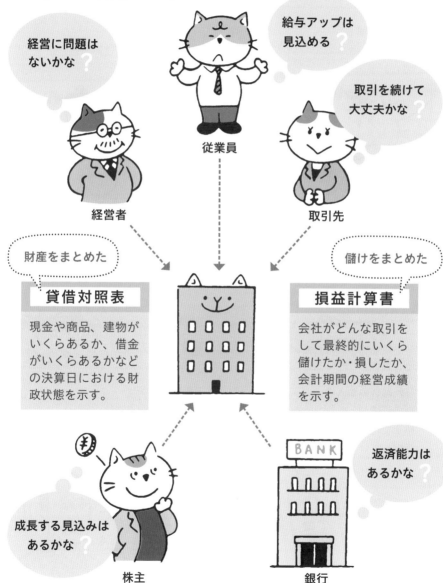

経営に問題は
ないかな？

給与アップは
見込める？

取引を続けて
大丈夫かな？

経営者

従業員

取引先

財産をまとめた

貸借対照表

現金や商品、建物がいくらあるか、借金がいくらあるかなどの決算日における財政状態を示す。

儲けをまとめた

損益計算書

会社がどんな取引をして最終的にいくら儲けたか・損したか、会計期間の経営成績を示す。

成長する見込みは
あるかな？

返済能力は
あるかな？

株主

銀行

時代や国を超えて
世界に広まった

ここで問題！
簿記はいつ生まれた
でしょう？

う〜ん
縄文時代じゃないよね。
物々交換だし……

縄文人

江戸時代とか？

江戸っ子

実は、文字をもたない
古代文明でも、広義の
「簿記」が存在していたよ

えーっ!!

玉やひもを使って
財産の数量を記録したんだ

江戸時代の商人は、
「大福帳」と呼ばれる
帳簿で
管理していたよ

大福帳

今のような複式簿記が
日本で広まったのは明治時代。
福沢諭吉がアメリカのテキストを翻訳した
「帳合之法」で紹介された

YUKICHI

こんにちは

やあどうも

じゃあ
アメリカで生まれたの？

いや、複式簿記の始まりは
諸説あるけど、
中世のイタリアという説が有力

地中海貿易が栄えた時代、
航海の収支を記録して
利益を計算・分配する。

この考え方から
確立したんだ

これを世に知らしめたのは
数学者ルカ・パチョーリ。
1494年の著作『スムマ』のなかで
複式簿記について詳細に解説したことで
ヨーロッパの各国に普及したよ

それから、
アメリカの
テキスト経由で
日本に
伝わったのか

各国に広まって
今も使われている
なんて、かなり
便利なんだね

簿記は、ビジネスにおいて
世界共通言語といわれる。
きっと役に立つよ！

お金やモノの増減が 記録の対象になる

Q 複式簿記では、さまざまな 会社の取引すべてが記録さ れているの？

A そうとも限らない。 たとえば、見積書を提出し ただけでお金やモノが増減 しない場合は、簿記の対象 にはならないんだ

簿 記で扱う取引は、お金やモノの増減がポイント

　簿記では、商品を売買する、備品を購入する、給与を支払う、お金を借 りるなど、**お金やモノが増減する「取引」はすべて記録します。**

　この取引という言葉は、一般的な取引とは少し意味合いが異なります。 たとえば取引先と契約書を取り交わすことは、一般的には取引といいます が、契約段階で経済的な権利や義務が確定していないものについて、簿記 では取引として記録しません。

　一方、通常は万引きを取引とはいいませ んが、万引きされたことによって商品が減 少したならば、簿記ではそれも取引として 記録します。

> 経済活動を 記録するよ

 災害被害によって財産を失うケースや、保険金がおりたことでお金が増えるケースは、お金や モノが増減する経済活動にあたるため、簿記上の取引になる。

「盗難被害」も簿記では取引になる

商品を万引きされた

保険金を受け取った

火災で倉庫が燃えた

一般的な取引

- 見積書を受け取った
- 業務提携の基本契約を結んだ

▼

お金やモノが増減せず、経済的な権利や義務も決まっていない取引は、簿記の対象外。

- 商品を仕入れた
- 商品を販売した
- 代金を支払った
- 代金を受け取った
- 給与を支払った
- お金を借りた
- お金を返済した

▼

お金やモノが増減する取引は、簿記の対象。

簿記上の取引

- ○円で売る契約をした
- ○円で買う契約をした
- 払うべき家賃を滞納した

▼

お金やモノが増減しなくても、経済的な権利や義務が確定する取引は、簿記の対象。

25

誰でもわかる
グループ名で整理する

Q 『簿記の要は「勘定科目」だ！』っていわれたけど、勘定科目って何……？

A たとえば「通信費」「旅費交通費」「会議費」のように、同じ内容のものをまとめたグループ名のことを簿記では勘定科目というよ

種類や性質が同じものを1つにまとめる

勘定科目

通信費

同じ内容のものを同じ勘定科目で記録することで、項目ごとに集計できる。

● 電話料金　● インターネット料金　● 切手代
● 郵送料　　● 速達料金　　　　　● 書留料金　　　など

26

よく使う勘定科目を覚えておこう

　家計簿は、「食費」「住居費」「日用品費」などの費目に分けて記録すると支出の内訳がよくわかります。会社の簿記でも、正確に記録・集計するためには、間違いなくグループ分けすることが重要です。

　複式簿記では、グループのことを「勘定科目」といいます。「通信費」「旅費交通費」のようになじみのある科目もあれば、「買掛金」「仮受金」など聞き慣れない科目もあって難しく感じるかもしれません。しかし、業種によっては一切使わない科目もありますし、**よく使う科目は限られています。**何度も目にするうちに覚えてしまうので、気楽に考えましょう。

おさえておきたい３つのポイント

☑ **すべての勘定科目は ５つに分けられる**

勘定科目はたくさんあるが、それらは下の５グループのいずれかに分類される（→第２章）。

| 資産 | 負債 | 純資産 | 収益 | 費用 |

☑ **一貫性をもって 勘定科目を使い続ける**

同じ内容なら同じ勘定科目を継続して使用する。「先月は事務用品費にしたコピー用紙代を、今月は消耗品費にする」といった変更はNG。

☑ **勘定科目は会社ごと に設定してOK**

業種や業務内容に合わせて、会社にとって必要な勘定科目を用いる。必要に応じて会社独自の勘定科目を追加することも可能。

内容が伝わる名称にすることが大事！

1つの取引を2つの 側面から記録する

Q

複式簿記の「複式」とは、
お金とモノのことですか？

A

ちょっと違う。複式とは、
どんな取引も必ず2つ以上
の顔をもっていると考える
ことなんだ

取引には「原因」と「結果」がある

　複式簿記では、1つの取引に2つ以上の側面があると考えます。

　たとえば「200円のノートを購入した取引」は、「ノートを購入した」
という原因と、「現金が200円減った」という結果の2つの側面からとら
えます。

　すべての取引には原因と結果がある、これを「取引の二面性」といい、
**2つの面を記録することが複式簿記の大
きな特徴です。**

お金やモノが
増減した理由は
何だろう？

　二面的に記録することによって情報量
が増え、単式簿記（→ P16）よりも詳し
く会社の財政状態を知ることができます。

現金の出入りだけを記録する単式簿記の場合、現金残高はわかっても、預金額やローン残高、
日用品の在庫などはわからない。二面的に記録する複式簿記なら、すぐに集計できる。

取引の二面性を見てみよう

例 商品 20 万円を現金で仕入れた

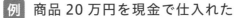

2つに分ける

同じ取引を別の面
から見ているため、
金額は等しい。

原因 **商品 20 万円を
手に入れた**

結果 **現金が
20 万円減った**

例 8万円の商品を
販売した

   原因 売上が 8万円発生した

   結果 現金が 8万円増えた

例 銀行から
500万円を
借りた

   原因 借入金が500万円発生した

   結果 普通預金が500万円増えた

例 20万円の
パソコンを
購入した

   原因 20万円のパソコンを手に入れた

   結果 現金が 20万円減った

取引から決算までの簿記の流れを知ろう

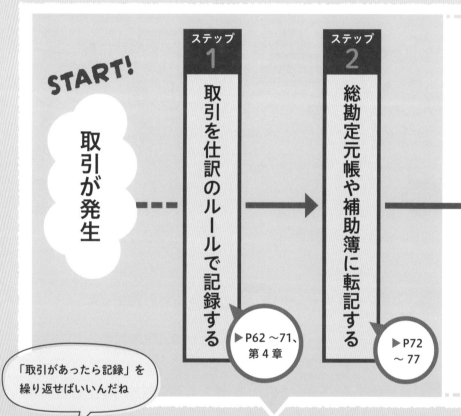

START!

取引が発生

▶P62〜71、第4章

ステップ **1**
取引を仕訳のルールで記録する

ステップ **2**
総勘定元帳や補助簿に転記する

▶P72〜77

「取引があったら記録」を繰り返せばいいんだね

日常の簿記

取引が発生したら、一つひとつを「仕訳」のルールにしたがって記録・転記していく。伝票や仕訳帳などの帳簿を使う会社もあれば、会計ソフトに入力するだけの会社もある。詳しくは第3章へ。

取引を記録して、決算書を作るまでの手順は
下のフローチャートの通り！
会計ソフトを使っているなら、取引を入力するだけで
試算表までほぼ自動的に作成される。
おおまかでいいから、簿記全体の流れを知っておこう

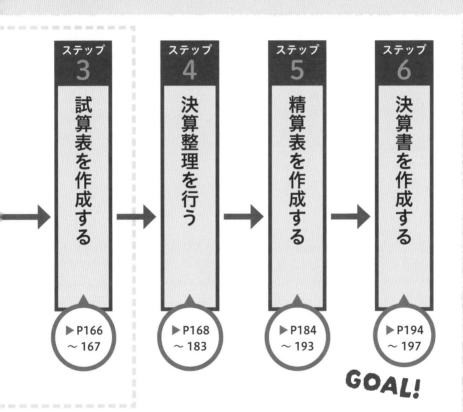

ステップ 3	ステップ 4	ステップ 5	ステップ 6
試算表を作成する	決算整理を行う	精算表を作成する	決算書を作成する
▶P166〜167	▶P168〜183	▶P184〜193	▶P194〜197

GOAL!

決算の簿記

1年間の記録を集計して、その年の成果をまとめた決算書を作成する。正確な決算書を作成するため、一覧表を作って確認したり修正したりする作業が行われる。詳しくは第5章へ。

決算の簿記は
なんだか難しそう〜

まずは簿記3級の取得を目指そう

経理の仕事はとくに資格を取得しなくても行うことができます。しかし、資格を取ることで、職場での評価が上がったり、就職や転職で有利に働いたりすることも。資格取得にむけて勉強することはスキルアップにつながります。簿記検定から税理士や公認会計士まで、経理や簿記に関係する資格は数多くあります。主なものを紹介します。

簿記検定

簿記の資格で有名な「日商簿記検定」のほか、「全経簿記」「全商簿記」の検定がある。日商簿記検定は1級、2級、3級、簿記初級、原価計算初級があり、年3回（1級は2回）試験が実施される。就職や転職に役立つのは2級以上といわれる。

FP
（ファイナンシャルプランナー）

家計管理、資産運用、相続、保険など幅広いお金の知識を学べる資格。「ファイナンシャル・プランニング技能士」（1～3級）の国家資格と、NPO法人 日本FP協会が認定する「CFP® 資格」「AFP資格」がある。

ビジネス会計検定

大阪商工会議所が主催する検定試験で、財務諸表を読み解き、分析する力が問われる。1級、2級、3級の設定があり、年2回（1級は1回）試験が実施される。会計基準や法令に関する知識や財務諸表分析の考え方や分析方法を学ぶことができる。

FASS検定

経理・財務分野の実務知識やスキルの習得度を測る検定試験で、経済産業省の委託を受けた日本CFO協会が実施する。資産、決算、税務、資金の4分野から実践的な内容で出題され、合否ではなくスコア（点数）によりA～Eの5段階で評価される。

2

決算書から
簿記のしくみを知ろう

簿記は決算書を作るために
欠かせない技術です。
先に、簿記のゴールである決算書が
どんなものなのか見てみましょう。

食べたことのない料理は
作れない

決算書で大事なのは B/S と P/L の 2 つ

決算書をちらっと見たら、
勘定科目と数字だらけで、
ちんぷんかんぷん……。

たしかに難しそうに見える
けど、成績表や健康診断書
と同じようなもの。会社の
調子が明確な数字で示され
ているんだ

会 社の経営状況を示す計算書類の総称 ＝ 「決算書」

決算書は会社の実態を「数字」で示した書類の総称で、正式には「計算書類」や「財務諸表」といいます。下のような複数の書類から成ります。

POINT **主な計算書類**：「貸借対照表（B/S）」「損益計算書（P/L）」
「キャッシュフロー計算書」「株主資本等変動計算書」「個別注記表」

とくに重要なのは「貸借対照表」「損益計算書」の2つ。これを見ると、「どのくらい財産があるか（財政状態）」「どのくらい儲けたか（経営成績）」がよくわかります。決算書は見慣れないと、数字ばかりでとっつきにくいもの。しかし、**数字だからこそ、誰でも客観的に事実を読み取ることができ、過去の数字や他社の数字と比較することも容易にできるのです。**

決算書の名称は、会社法で規定されているものを「計算書類」、金融商品取引法で定められているものを「財務諸表」という。

核となるのは2つの書類

（創業からの積み重ね）

貸借対照表
B/S

決算日の時点で会社がもっている財産の内容や金額を表した書類。創業してからの蓄積がわかる。
「資産」「負債」「純資産」の3つをまとめたもので、英語表記では Balance Sheet（B/S）という。

貸借対照表
○年3月31日
（単位：百万円）

資産の部		負債の部	
流動資産		**流動負債**	
現金及び預金	1,900	買掛金	600
受取手形	200	短期借入金	300
売掛金	600	未払金	200
有価証券	100	未払法人税等	50
商品	100	その他	50
その他	750	流動負債合計	1,200
貸倒引当金	△ 50	**固定負債**	
流動資産合計	3,600	長期借入金	1,100
固定資産		退職給付引当金	400
（有形固定資産）		その他	100
建物・構築物	1,600	固定負債合計	1,600
減価償却累計額	△ 200	**負債合計**	**2,800**
機械・運搬具	400	**純資産の部**	
減価償却累計額	△ 150	**株主資本**	
（無形固定資産）		資本金	1,000
ソフトウェア	200	資本剰余金	500
（投資その他の資産）		利益剰余金	1,200
投資有価証券	50		
固定資産合計	1,900	**純資産合計**	**2,700**
資産合計	**5,500**	**負債・純資産合計**	**5,500**

決算日（期末日）の財産状況を示す

前期（昨期）	当期（今期）	次期（来期）

創業

この1年間の儲け（損）を示す

（一定期間の成果）

損益計算書
P/L

一定の期間（多くは1年）における、会社の儲けや損を表した書類。1年ごとにリセットされる。
「収益」と「費用」をまとめたもので、英語表記では Profit and Loss Statement（P/L）という。

損益計算書
自○年4月1日 至○年3月31日
（単位：百万円）

科目		
I 売上高		9,000
II 売上原価		4,000
売上総利益		5,000
III 販売費及び一般管理費		
給与手当	1,200	
営業費	2,700	
地代家賃	350	
貸倒引当金繰入	100	
減価償却費	100	4,450
営業利益		550
IV 営業外収益		
受取利息		4
V 営業外費用		
支払利息		6
経常利益		548
VI 特別利益		
雑収入		56
VII 特別損失		
その他		54
税引前当期純利益		550
法人税等		150
当期純利益		400

財産の中身とお金の出所がわかる

Q 貸借対照表を見れば会社の財産がわかるんだよね。お金が多いほど"いい会社"でしょ？

A 実はそうとも言い切れないんだ。たとえば下の2つの会社で財産が多いのはどっちだと思う？

＼ 財産が多い会社はどっち？ ／

X社
現金・商品・土地・建物…
合計10億円

実は ローンや借入金　**9億円**
実質的な財産　**1億円**

Y社
現金・商品・土地・建物…
合計2億円

実は ローンや借入金　**0円**
実質的な財産　**2億円**

X社はY社の5倍の資産があるけど、同じくらい借金も多いね

X社は…
9億円の返済義務アリ→<u>実質的な財産1億円</u>
Y社は…
返済ゼロ→<u>実質的な財産2億円</u>
実質的な財産では、Y社が逆転するよ！

その通り。資産の中身に加えて、資産をどうやって調達したか、つまりお金の出所も重要なんだ

財産の計算式

本当に財産があるかどうかは、「資産」「負債」「純資産」の3要素を見る必要がある。3つの関係を式で表すと、下のようになる。

もっているお金やモノ	いずれ返す借入金など	正味の財産
資産 =	**負債** +	**純資産**

| 会社がもっているプラスの財産。現預金のほか、商品や土地のように売るとお金になるものや将来お金を受け取れる権利も含まれる。 | 会社がもっているマイナスの財産。借入金やまだ支払いをしていない商品代金など、将来的に誰かに返さなくてはならないもの。 | 事業をスタートしたときの元手や、これまでに会社が稼いで蓄積してきた利益。負債と違って返済する必要のないものといえる。 |

お金の使い道　　　　　お金の出所

次ページでは、これらを1つの表にまとめた貸借対照表を見てみよう！

左右が一致するからバランスシート

勘定式の貸借対照表では、表の左側に「資産」、右側に「負債」「純資産」が記載される。このとき、左側の総額（総資産という）と右側の総額（総資本という）が必ず等しくなる。

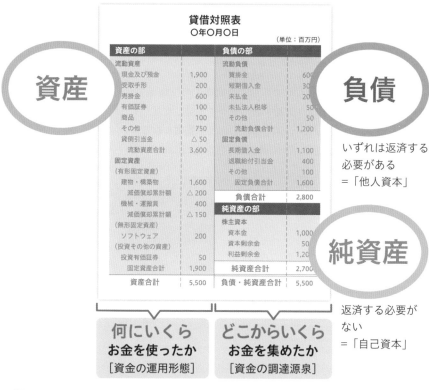

資産

負債

純資産

いずれは返済する
必要がある
=「他人資本」

返済する必要が
ない
=「自己資本」

| 何にいくら
お金を使ったか
[資金の運用形態] | どこからいくら
お金を集めたか
[資金の調達源泉] |

その財産は、どうやって手に入れた？

　貸借対照表は決算日時点の会社の財政状態を写し取ったもの。表の左側で「会社がどんな財産をもっているか（資産の運用形態）」、右側で「その財産をどうやって入手したか（資金の調達源泉）」がわかります。

　前期の表と比べて変化や増減のあったところに注目し、資産・負債・純資産のバランスを見ていくと、経営の安全性や支払い能力を確認できます。

資産の中身は会社によってさまざま。製造業なら工場や機械などの固定資産が多く、現金決済が中心の小売業では売掛金（→ P88）が少ないといった業種の特徴も反映される。

貸借対照表
〇年〇月〇日

（単位：百万円）

資産の部		負債の部	
流動資産		**流動負債**	
現金及び預金	1,900	買掛金	600
受取手形	200	短期借入金	300
売掛金	600	未払金	200
有価証券	100	未払法人税等	50
商品	100	その他	50
その他	750	流動負債合計	1,200
貸倒引当金	△ 50	**固定負債**	
流動資産合計	3,600	長期借入金	1,100
固定資産		退職給付引当金	400
（有形固定資産）		その他	100
建物・構築物	1,600	固定負債合計	1,600
減価償却累計額	△ 200	**負債合計**	**2,800**
機械・運搬具	400	**純資産の部**	
減価償却累計額	△ 150	**株主資本**	
（無形固定資産）		資本金	1,000
ソフトウェア	200	資本剰余金	500
（投資その他の資産）		利益剰余金	1,200
投資有価証券	50		
固定資産合計	1,900	**純資産合計**	**2,700**
資産合計	**5,500**	**負債・純資産合計**	**5,500**

合計額は等しい

貸借対照表は
勘定式が多いよ

縦に並んだ
表示形式もある

上のように左右に表が展開する「勘定式」
の表示形式は、簿記のしくみを理解する
のに最適。ほかに、資産・負債・純資産
を上から順に並べた「報告式」があり、
決算資料などで使われる。

報告式

資産

負債

純資産

資産・負債・純資産の 勘定科目を見てみよう

資産グループ

貸借対照表

流動資産	
固定資産	
繰延資産（くりのべしさん）	

貸借対照表の左側に記載

お金や、お金になるもの

　資産は、お金そのものや売ればお金になるもの、お金に換算できるものです。

　1年以内※に現金化が可能な「流動資産（りゅうどうしさん）」と、建物や土地など長く保有・活用される「固定資産（こていしさん）」とに大別できます。後日受け取る約束の代金や、他人に貸したお金も資産の1つで、「債権（さいけん）」（あとでお金やモノを受け取る権利）といいます。

負債グループ

貸借対照表

	流動負債
	固定負債

貸借対照表の右側に記載

いずれ返すべき借金

　負債は、借金のようにいつか返さなければならないお金。会社が背負っている「債務（さいむ）」（あとでお金やモノを支払わなくてはならない義務）ともいえます。資産と正反対のもので、マイナスの財産と考えられます。

　返済や支払いまでの期間によって、1年以内のもの※を「流動負債（りゅうどうふさい）」、1年を超えるものを「固定負債（こていふさい）」と区分します。

 ※1年を超えても、通常の営業取引で生じるものは「流動資産」や「流動負債」とされる。

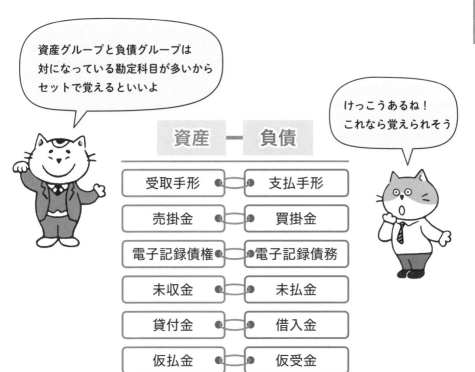

資産グループと負債グループは対になっている勘定科目が多いからセットで覚えるといいよ

けっこうあるね！これなら覚えられそう

資産 － 負債

受取手形	支払手形
売掛金	買掛金
電子記録債権	電子記録債務
未収金	未払金
貸付金	借入金
仮払金	仮受金

純資産グループ

貸借対照表

純資産

貸借対照表の右側に記載

返す必要のない正味の財産

　純資産は、株主が出資したお金や、会社が稼いだ利益を積み重ねてきたものの金額。

　純資産と資産は似た言葉ですが、中身は全く別もの。**純資産は資産から負債を差し引いた金額**で、" 正味の財産 " といえます。負債と純資産（貸借対照表の右側）はどちらも資金の調達源泉を示しますが、返済義務のある負債に対して、純資産は返済義務のないものの金額です。

資産の主な勘定科目

区分	勘定科目	内容
流動資産	現金 （げんきん）	国内外の通貨や、受け取った小切手のように金融機関ですぐに換金できるもの。→ P104
	小口現金 （こぐちげんきん）	事務用品や交通費など日々の少額の経費支払いのために担当者に前渡しされている現金。
	普通預金	自由に現金を出し入れできる預金で、ATM による入出金や振り込みが可能。利子もつく。→ P106
	当座預金 （とうざよきん）	小切手や支払手形を振り出すことができ、代金の支払い（決済手段）に用いられる預金。利息はつかない。→ P106
	受取手形 （うけとりてがた）	商品や製品の代金として、取引相手から受け取った手形（お金を受け取る権利を表した証書）。→ P98
	売掛金 （うりかけきん）	あと払いで代金を受け取る約束で得意先に販売した商品や製品、サービスの代金。→ P88
	電子記録債権 （でんしきろくさいけん）	受取手形や売掛金に代わって、お金を受け取る権利（債権）を電子化したもの。→ P100
	有価証券	売買目的で保有している他社の株式や社債、国債、地方債など。→ P112
	商品	販売するために会社が外部から仕入れた物品や保有している物品。
	前払金・前渡金 （まえばらいきん・まえわたしきん）	商品などを購入する際、受け取りに先立って、取引相手に支払った内金や手付金。→ P94
	立替金 （たてかえきん）	取引先や社員が支払うべき金銭を一時的に立て替えて支払った金額。→ P134
	仮払金 （かりばらいきん）	使い道の詳細や金額が決まっていないまま、一時的に支払った金額。→ P132
	短期貸付金 （たんきかしつけきん）	従業員や取引先などに貸し付けている金額で、1年以内に返済される予定のもの。
	未収金・未収入金 （みしゅうきん・みしゅうにゅうきん）	あと払いで代金を受け取る約束で、固定資産や有価証券など商品以外のものを売却した代金。
	未収収益 （みしゅうしゅうえき）	あと払いで受け取る予定になっているが、まだ入金期日になっていない貸付金の利息や家賃など。→ P181
	前払費用 （まえばらいひよう）	一括で前払いした家賃や保険料など、次期以降の経費だが当期に前払いした分の金額。→ P178

区分	勘定科目	内容
	貸倒引当金 （かしだおれひきあてきん）	売掛金や貸付金などのうち、回収できなくなると見積もった金額。資産のマイナス勘定。→ P182
固定資産	建物	会社が所有している事務所、店舗、工場、倉庫、社宅など。
	構築物 （こうちくぶつ）	広告塔、広告用看板、庭園、花壇、塀など、建物以外の土木設備や工作物。
	車両運搬具 （しゃりょううんぱんぐ）	経営目的で所有・使用している自動車、バス、トラック、バイク、自転車、台車など。→ P148
	工具器具備品 （こうぐきぐびひん）	応接セット、パソコン、コピー機、キャビネット、金庫、テレビなど長期的に使用する高額の道具。→ P146
	土地	会社の事務所や工場、駐車場などの敷地。転売目的で保有している土地は含めない。
	リース資産	リース契約によって取得したパソコンや複合機、車両などの資産。
	減価償却累計額 （げんかしょうきゃくるいけいがく）	固定資産を取得してから、毎年少しずつ費用化してきた分の合計額。→ P175
	長期貸付金	子会社や従業員などに貸し付けている金額で、1年を超えて返済される予定のもの。
	特許権	特許法により登録することで、新たに発明・発見した方法を一定期間独占的に利用できる権利。
	借地権	建物を建てたり、駐車場にしたりするために他人が所有する土地を利用する権利。
	ソフトウェア	システムやプログラムなど、ソフトウェアの購入・制作にかかった金額。
繰延資産	創立費	定款の作成費用、登録免許税、発起人報酬、司法書士報酬など、会社設立のために支払った金額。
	開業費	会社を設立してから、営業開始までの間、開業準備のために支払った金額。
個人事業主固有	事業主貸 （じぎょうぬしかし）	個人事業主が、事業のお金をプライベートに支出した金額。生活費の支払いや健康保険料の支払いなど。→ P152

参照ページでより詳しい説明もチェック！

負債の主な勘定科目

区分	勘定科目	内容
流動負債	支払手形 （しはらいてがた）	商品や製品の代金として、取引相手に振り出した手形（お金を支払う義務を示す証書）。→ P99
	買掛金 （かいかけきん）	あと払いで代金を支払う約束で仕入先などから購入した商品や製品、サービスの代金。→ P84
	電子記録債務 （でんしきろくさいむ）	支払手形や買掛金などに代わって、お金を支払う義務（債務）を電子化したもの。
	短期借入金 （たんきかりいれきん）	金融機関や取引先などから借り入れているものの金額で、1年以内に返済する予定のもの。
	仮受金 （かりうけきん）	理由不明の入金など、取引の内容や金額が不確定ながら、一時的に受け取ったものの金額。→ P102
	預り金 （あずりきん）	従業員の給与から天引きした所得税や健康保険料など、一時的に預かっているものの金額。→ P120
	未払金 （みばらいきん）	あと払いで支払う予定になっているが、まだ支払っていないものの金額。未払家賃や未払賃金など。
	未払費用 （みばらいひよう）	すでに役務の提供を受けており、支払い義務が生じているが、まだ支払いが済んでいないものの金額。→ P180
	前受金 （まえうけきん）	商品や製品を納めるのに先立って、取引先から受け取った内金や手付金。
	前受収益 （まえうけしゅうえき）	一括で前払いされた家賃など、次期以降の収益だが当期に受け取っている分の金額。→ P179
	賞与引当金 （しょうよひきあてきん）	将来支給する賞与に備えて、当期に負担する分の金額を見積もって計上する科目。
	未払法人税等 （みばらいほうじんぜいとう）	当期分の法人税等で、納付していない金額を計上する科目。
固定負債	社債 （しゃさい）	株式会社が資金調達のために有価証券（社債券）を発行することによって生まれる金銭債務。
	長期借入金 （ちょうきかりいれきん）	金融機関や取引先などから借り入れているお金で、1年以上先に返済する予定のもの。
個人事業主固有	事業主借 （じぎょうぬしかり）	個人事業主が、プライベートの財布から事業にかかわる支払いをした金額。→ P154

純資産の主な勘定科目

区分	勘定科目	内容
株主資本	**資本金**	会社を設立したときや増資のときに、株主から出資してもらった金額。→ P114
	<ruby>資本剰余金<rt>し ほんじょう よ きん</rt></ruby>	株主から出資してもらった金額のうち、資本金としなかった金額。
	<ruby>利益剰余金<rt>り えきじょう よ きん</rt></ruby>	会社が儲けた利益のうち、会社内部に蓄積している金額。
	<ruby>繰越利益剰余金<rt>くりこし り えきじょう よ きん</rt></ruby>	会社が儲けた利益のうち、まだ処分の決まっていない金額。
	<ruby>自己株式<rt>じ こ かぶしき</rt></ruby>	会社が自社株式（自社の発行している株式）を取得した場合の株式を表す科目。
株主資本以外	<ruby>新株予約権<rt>しんかぶ よ やくけん</rt></ruby>	新株予約権（決められた期間内に決められた価額で株式を取得できる権利）の発行時に計上する科目。
個人事業主固有	<ruby>元入金<rt>もといれきん</rt></ruby>	個人事業主が、事業を始めるにあたって拠出した資金を計上する科目。→ P156

個人事業主の場合、
法人と違いはある？

よく使う科目はほぼ同じだけど
法人のみに使う科目や
個人事業主特有の科目もあるよ

得た金額・使った金額と本当の儲けがわかる

Q 損益計算書は儲けがわかる書類だね。売上が多いほど儲かっている会社になるのかな？

A いつもより売上が伸びたのに、儲かっていないケースもある。下の2つのような場合は、どっちの日付の儲けが多いかな？

儲けがより多かった日はどっち？

3月1日

5,000円のプレミアム缶詰を100セット販売した

売上　50万円

▼

実は 仕入や人件費　40万円
本当の儲け　10万円

3月31日

200円の特売缶詰を2,000個販売した

売上　40万円

▼

実は 仕入や人件費　25万円
本当の儲け　15万円

あ！ 仕入や人件費を
差し引くと、
実際の儲けは違うんだ

1日
売上 50 万円−仕入や人件費 40 万円
＝本当の儲け 10 万円
31 日
売上 40 万円−仕入や人件費 25 万円
＝本当の儲け 15 万円

儲けは、31 日のほうが 5 万円多いよ

その通り！ 売上と儲けは
違うことがよくわかるね

儲けの計算式

会社の儲けは「利益」（マイナスのときは「損失」）といい、
「収益」と「費用」の要素から計算することができる。式は下の通り。

会社の活動で 入ってきた		収益を得るために 使った		収益から費用を 引いた残り
収益	**−**	**費用**	**＝**	**利益**（損失）
商品の販売やサービスの提供で得た売上や、資産運用で得たものの金額。		仕入や製造費用、給与やさまざまな経費など、収益を得るためにかかるものの金額。		すべての収益とすべての費用の差額。プラスは利益、マイナスは損失。黒字や赤字ともいう。

式を変形すると…

費用 **＋** **利益** **＝** **収益**

これらを 1 つの表にまとめた
損益計算書を次ページでチェック！

「費用＋利益＝収益」を表にまとめる

勘定式の損益計算書では、表の左側に「費用」と「利益」、右側に「収益」が記載される。「費用＋利益＝収益」の式の通り、左側の総額と、右側の総額は必ず等しくなる。

「自」はいつから
「至」はいつまで、の意味だよ

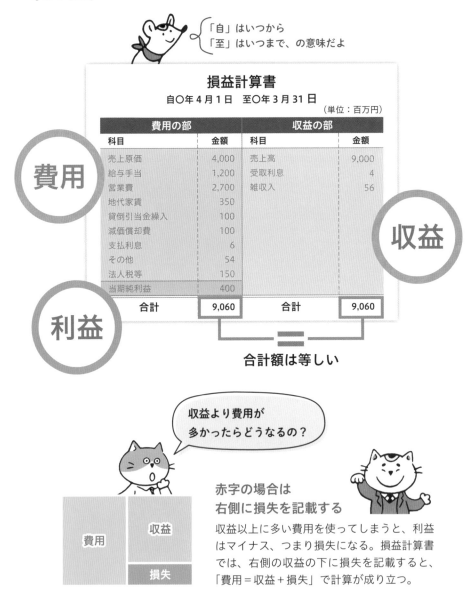

損益計算書
自〇年4月1日　至〇年3月31日
（単位：百万円）

費用の部		収益の部	
科目	金額	科目	金額
売上原価	4,000	売上高	9,000
給与手当	1,200	受取利息	4
営業費	2,700	雑収入	56
地代家賃	350		
貸倒引当金繰入	100		
減価償却費	100		
支払利息	6		
その他	54		
法人税等	150		
当期純利益	400		
合計	9,060	合計	9,060

費用

収益

利益

＝

合計額は等しい

収益より費用が
多かったらどうなるの？

赤字の場合は
右側に損失を記載する

収益以上に多い費用を使ってしまうと、利益はマイナス、つまり損失になる。損益計算書では、右側の収益の下に損失を記載すると、「費用＝収益＋損失」で計算が成り立つ。

費用 / 収益 / 損失

その期間に得た利益を確定させる

損益計算書は、1年間でどのくらい儲けたかを計算する書類。会社に入ってきた「収益」から、それを得るためにかかった「費用」を差し引くことで「利益（または損失）」がわかります。

報告式フォーマットでは利益が5段階に分けて示されるため、**会社の"稼ぐ力"がどこにあるのか、分析することができます。**

報告式の損益計算書を見てみよう

報告式では一番上に「売上高」を記載して、そこから順次、費用や収益の項目を足し引きする。利益が段階的に示されるため、どんな活動で儲けたり損したりしたのか見てとれる。

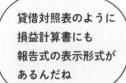

貸借対照表のように
損益計算書にも
報告式の表示形式が
あるんだね

そう！
左の損益計算書を
報告式フォーマットに
変えると右のように
なるんだ

本業での利益

本業以外も
含めた利益

一時的要因も
含めた利益

報告式

損益計算書
自〇年4月1日 至〇年3月31日

（単位：百万円）

科目		
I 売上高		9,000
II 売上原価		4,000
売上総利益		5,000
III 販売費及び一般管理費		
給与手当	1,200	
営業費	2,700	
地代家賃	350	
貸倒引当金繰入	100	
減価償却費	100	4,450
営業利益		550
IV 営業外収益		
受取利息		4
V 営業外費用		
支払利息		6
経常利益		548
VI 特別利益		
雑収入		56
VII 特別損失		
その他		54
税引前当期純利益		550
法人税等		150
当期純利益		400

上から下へ段階的に利益を計算していく。

最終的な利益

51

収益・費用の 勘定科目を見てみよう

収益グループ

損益計算書

	売上高
	営業外収益
	特別利益

勘定式では、P/L の右側に記載

商売や財テクによって 会社が得た金額

収益は、**会社の経済活動によって得たものの金額**です。

商品や製品の販売、サービスの提供といった本業で得た収入を「売上高（うりあげだか）」、預金の利息や有価証券の売却益といった本業以外で得た収入を「営業外収益（えいぎょうがいしゅうえき）」、突発的に生まれた収入を「特別利益」と区分します。

費用グループ

損益計算書

売上原価	
販売費及び一般管理費	
営業外費用	
特別損失	

勘定式では、P/L の左側に記載

収益を得るためにかかった金額

費用は、会社が経済活動を行い、**収益を得るためにかかった金額**のこと。

売れた商品の仕入れにかかった費用のことを「売上原価（うりあげげんか）」、営業活動にかかった経費を「販売費及び一般管理費」、財テクなど本業以外の活動で生じた費用を「営業外費用（えいぎょうがいひよう）」、突発的に生じた費用を「特別損失」などと区分します。

簿記を学ぶ際には、上のイメージ図のような勘定式（P50）の損益計算書を思い浮かべ、「収益は右、費用は左」となる配置を覚えておくとよい。

収益の主な勘定科目

区分	勘定科目	内容
売上高	売上（うりあげ）	商品や製品を販売したり、サービスを提供したりして受け取った代金など。→ P86
個人事業主固有	自家消費（じかしょうひ）	個人事業主が、商売で扱う商品を家族で消費したり、友人や親族へのお中元などに使ったりした金額。
営業外収益	受取利息（うけとりりそく）	預貯金の利子や貸付金の利息など、金融関係の取引で得た利子。
	受取配当金（うけとりはいとうきん）	保有する他社株式の配当金や、投資信託の収益分配金など。
	有価証券売却益（ゆうかしょうけんばいきゃくえき）	売買目的の有価証券を売却したときに生まれた利益（売却価額から帳簿価額を差し引いた金額）。→ P112
	雑収入（ざっしゅうにゅう）	本業以外の取引で生じた収益で、他の科目に当てはまらないもの。還付加算金や助成金、現金超過分など。
特別利益	固定資産売却益（こていしさんばいきゃくえき）	会社が保有する固定資産を売却したときの利益（売却価額から帳簿価額を差し引いた金額）。→ P149
	貸倒引当金戻入（かしだおれひきあてきんもどりいれ）	前期に計上していた貸倒引当金を取り崩す（減らす）ときに用いる科目。

費用の主な勘定科目

区分	勘定科目	内容
売上原価	仕入（しいれ）	販売された商品などの購入にかかる費用。→ P82
販売費及び一般管理費	販売促進費（はんばいそくしんひ）	販売奨励金や展示会費用など、売上の増加を目的に支出する費用。
	荷造運賃（にづくりうんちん）	商品や製品の出荷にあたり梱包にかかる費用や発送にかかる費用。
	外注費（がいちゅうひ）	事務処理のような業務の一部を外部に委託するときの費用。
	役員報酬（やくいんほうしゅう）	会社の取締役や監査役などの役員に対して支給される報酬や給与。
	給与手当（きゅうよてあて）	従業員に対して支払われる給料、賃金、各種手当などの総額。→ P118

区分	勘定科目	内容
販売費及び一般管理費	賞与	従業員に対して、夏、冬、決算期末などに臨時的に支給されるボーナスのこと。
	退職金	従業員や役員の退職にあたって支払われる退職一時金など。
	法定福利費 ほうていふくりひ	従業員の社会保険料、労働保険料、厚生年金保険料などのうち、会社が負担する分の費用。
	福利厚生費 ふくりこうせいひ	従業員の健康や衛生、慰安のためにかかる費用。健康診断費用、社員旅行費用、見舞金など。→ P122
	会議費	社内外での会議、商談、打ち合わせにかかる費用。会場費、資料代、弁当代など。→ P124
	諸会費	業務に関係する各種団体（商工会議所、町内会、法人会など）に支払う入会金や年会費など。
	交際費	営業のため、得意先や仕入先に対して行う接待や交際にかかる費用。飲食代、御車代、贈答費用など。→ P126
	広告宣伝費	不特定多数の人に対する宣伝にかかる費用。カタログ制作費、広告掲載料、求人広告費用など。→ P128
	旅費交通費	出張費用（旅費）や、業務上の近距離移動にかかる交通費など。→ P130
	通勤費	従業員や役員が会社へ通勤するための交通費。通勤定期券代や回数券代、通勤手当など。
	賃借料	OA機器や工作機械、イベント機材などのレンタル料やリース料。不動産の賃借は「地代家賃」が一般的。
	地代家賃 ちだいやちん	事務所や店舗の家賃、駐車場料金など。土地や建物を借りたときに支払う賃借料。→ P136
	水道光熱費	製造部門以外で使用される水道料金、電気料金、ガス料金など。
	新聞図書費	業務や情報収集のために購入する新聞、業界紙、雑誌、有料サイトなどの購入・購読費用。
	通信費	電話、郵便、インターネット関連費用、切手代など、各種通信手段にかかる費用。
	消耗品費	電球、電池、蛍光灯、洗剤などの日用品や事務用品などの消耗品の費用。→ P138

区分	勘定科目	内容
販売費及び一般管理費	事務用品費	筆記用具や帳票用紙、封筒、CD-R など事務作業で使う消耗品の費用。
	車両費	業務用の自動車やバイクのガソリン代や、タイヤ購入費用など。
	支払保険料	会社が加入している損害保険や火災保険、生命保険などの保険料。→ P110
	支払手数料	税理士などの外部の専門家に支払う報酬や、金融機関への払い込み手数料。→ P119
	修繕費	保有する建物や自動車、コピー機などの修理やメンテナンスにかかる費用。
	租税公課 （そぜいこうか）	消費税、固定資産税、自動車税などの租税と、印鑑証明書の発行手数料など。→ P142
	減価償却費 （げんかしょうきゃくひ）	車や建物など高価で長く使う固定資産の取得費用を、数年かけて少しずつ費用化したものの金額。→ P174
	貸倒引当金繰入 （かしだおれひきあてきんくりいれ）	売掛金などの金銭債権が回収できなくなった場合に備え、見積もった額（貸倒引当金）を費用化したものの金額。
	貸倒損失 （かしだおれそんしつ）	取引先の倒産などによって、売掛金、受取手形、貸付金などの債権が回収できなくなったときの損失額。
	教育研修費	セミナー参加費、資格取得費用、e ラーニング費用など。業務で必要な技術や知識の習得を目的とした費用。
個人事業主固有	専従者給与	個人事業者が、青色事業専従者（一緒に生活する家族従業員）に支払った給与。
営業外費用	支払利息 （しはらいりそく）	金融機関などからの借入金に対して支払った利息。
	有価証券売却損 （ゆうかしょうけんばいきゃくそん）	売買目的の有価証券を売却したときに生じた損失（帳簿価額から売却価額を差し引いた金額）。
	雑損失 （ざっそんしつ）	本業以外の取引で生じた費用で、他の科目に当てはまらないもの。延滞料や解約金、現金不足分など。
特別損失	固定資産売却損	会社が保有する固定資産を売却したときの損失（帳簿価額から売却価額を差し引いた金額）。→ P150
	固定資産除却損 （こていしさんじょきゃくそん）	会社が保有する固定資産を廃棄処分したときの損失。

Column 2

パソコン会計で
気をつけたいことは……

　近年の会計ソフトは、銀行などの取引データを自動で取り込んで仕訳したり、レシートの画像から自動仕訳したりと、どんどん進化しています。ルールに沿った正確な処理が不可欠な簿記は、パソコン会計と好相性。おかげで、実務にかかる手間や時間は大きく削減されています。しかし、その自動仕訳が正しいかどうかを判断するのは人。情報の過不足や誤りがないか、よく確認することが大切です。

こんなところを要チェック！

 仕訳のモレやダブリがないか
油断すると、二重にデータを取り込んだり、
記録が漏れたりすることも。
こまめに入力し、未入力と入力済のものを分けて管理しよう。

 打ち間違いをしていないか
キーボードの打ち間違いで、
勘定科目や取引先名、金額を誤って入力してしまう可能性も。
必ず画面を確認して正確に入力しよう。

 データのバックアップ
いざというときに困らないよう、
データのバックアップは確実にしておこう。

3

日常の簿記を
マスターしよう

簿記の記録方法である
「仕訳」のルールをしっかりと学び、
日々行う簿記の流れを
頭に入れておきましょう。

仕訳に始まり、
仕訳に終わる!?

すべての取引を
一つひとつ記録する

取引が発生
▶ P24 〜 25

記録するのは、勘定科目と金額！

取引を複式簿記の
ルールで仕訳する
▶ P62 〜 67

借方	貸方
仕入 10,000	現金 10,000

日々の簿記は、一つひとつの取引を仕訳して
各帳簿に記録する記帳業務が中心。
「仕訳」という複式簿記の記入方法で行うから、
まずは仕訳のルールを理解しよう。
決算書を作るために欠かせない作業だよ

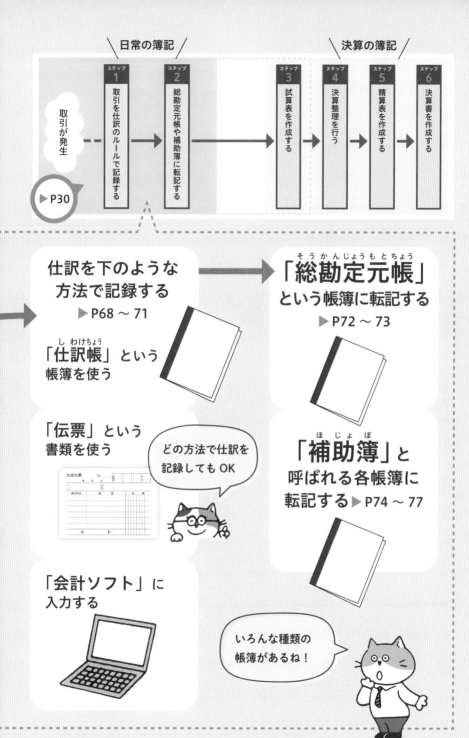

日常の簿記　／　決算の簿記

ステップ1	ステップ2	ステップ3	ステップ4	ステップ5	ステップ6
取引を仕訳のルールで記録する	総勘定元帳や補助簿に転記する	試算表を作成する	決算整理を行う	精算表を作成する	決算書を作成する

取引が発生

▶P30

仕訳を下のような
方法で記録する
▶P68 ～ 71

「仕訳帳」という
帳簿を使う

「伝票」という
書類を使う

どの方法で仕訳を
記録してもOK

出金伝票

「会計ソフト」に
入力する

「総勘定元帳」
という帳簿に転記する
▶P72 ～ 73

「補助簿」と
呼ばれる各帳簿に
転記する▶P74 ～ 77

いろんな種類の
帳簿があるね！

仕訳のルールを丸ごとインプット

Q "仕訳がわかれば簿記がわかる"って聞いたけど、仕訳ってそんなに重要なの？

A 重要だよ！ 決算書は仕訳の積み重ねでできているからね。ルールさえ覚えれば仕訳は難しくないよ

取引を左右に書き分ける「仕訳」の基本

商品売買や経費の支払いなど会計上の取引が発生したら、そのつど、勘定科目と金額を帳簿に記録する。複式簿記では、取引を二面的にとらえて（→P28）左と右に書き分ける決まりがあり、これを「仕訳」と呼ぶ。

かり

左側を
かりかた
借方という

Tフォーム
帳簿や伝票の記入形式を簡略化したもの。T字型ともいう。

かし

右側を
かしかた
貸方という

| 勘定科目 | 金額 | 勘定科目 | 金額 |

取引を2つに分けたら、仕訳のルール（右表）にしたがって左右に書き分けよう

仕訳のルール

２つに分けた事柄を左右どちらに記入するかは、下のルールの通り。その勘定科目が５グループのどこに属するか、増減どちらなのかによって決まる。たとえば現金（資産グループ）の増加なら左に、減少なら右に記入する。

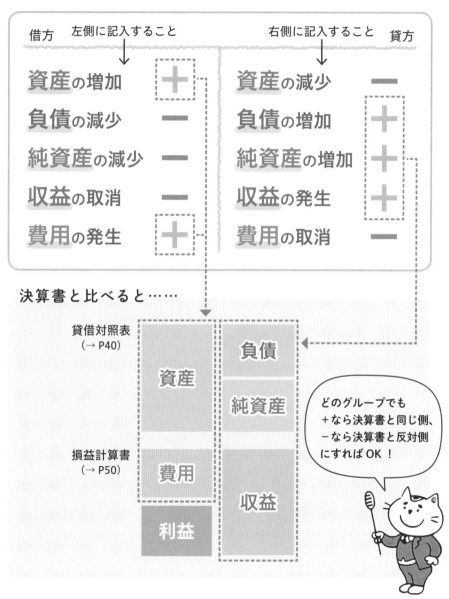

63

仕訳の手順を見てみよう

「商品 20 万円を現金で仕入れた」という取引の仕訳を STEP 1～3 の手順で見ていくと下のようになる。この一例のほかにも、実際によくある多様な取引の仕訳を、P66-67 や第 4 章で紹介している。

STEP 1 取引を 2 つに分ける

原因と結果の 2 つに分けよう

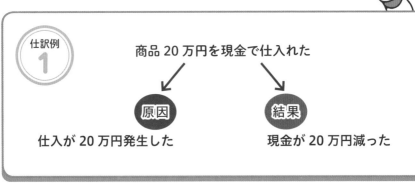

仕訳例
1

商品 20 万円を現金で仕入れた

原因 → 仕入が 20 万円発生した

結果 → 現金が 20 万円減った

STEP 2 それぞれの勘定科目を選ぶ

内容に合った勘定科目（グループ名）は何かな？

仕入が 20 万円発生した
勘定科目は「仕入」
＝
費用グループ

現金が 20 万円減った
勘定科目は「現金」
＝
資産グループ

STEP**3** 「仕訳のルール」に合わせて、左右に書き分ける

プラスかマイナスかをチェック！

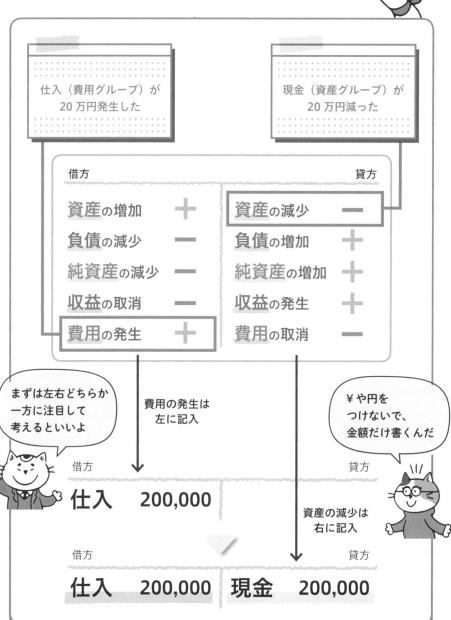

借方		貸方	
資産の増加	＋	資産の減少	－
負債の減少	－	負債の増加	＋
純資産の減少	－	純資産の増加	＋
収益の取消	－	収益の発生	＋
費用の発生	＋	費用の取消	－

仕入（費用グループ）が20万円発生した

現金（資産グループ）が20万円減った

まずは左右どちらか一方に注目して考えるといいよ

費用の発生は左に記入

¥や円をつけないで、金額だけ書くんだ

借方	貸方
仕入 200,000	

資産の減少は右に記入

借方	貸方
仕入 200,000	現金 200,000

別の仕訳も見てみよう。
どの会社にも必ずある「売上」の取引だよ

STEP1 取引を2つに分ける

  商品8万円を現金払いで販売した

結果 → 現金が8万円増えた　　売上が8万円発生した ← 原因

STEP2 それぞれの勘定科目を選ぶ

STEP3 「仕訳のルール」に合わせて、左右に書き分ける

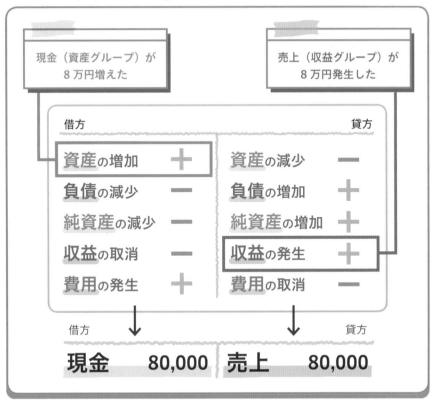

次は、お金を借りたときの取引。
勘定科目は……

STEP 1　取引を 2 つに分ける

仕訳例 3

 結果

銀行から 500 万円を借りた

 原因

普通預金に500万円入金された　　借入金が500万円発生した

STEP 2　それぞれの勘定科目を選ぶ

STEP 3　「仕訳のルール」に合わせて、左右に書き分ける

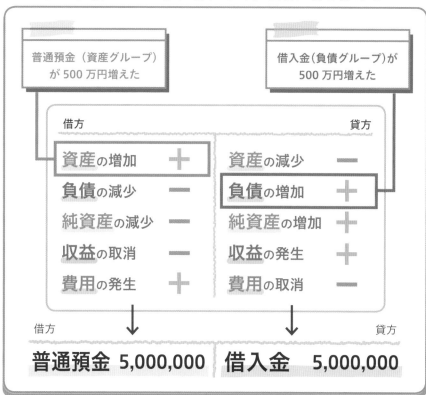

普通預金（資産グループ）が 500 万円増えた

借入金（負債グループ）が 500 万円増えた

借方		貸方	
資産の増加	＋	資産の減少	－
負債の減少	－	負債の増加	＋
純資産の減少	－	純資産の増加	＋
収益の取消	－	収益の発生	＋
費用の発生	＋	費用の取消	－

借方　　　　　　　　　　　　　　　貸方

普通預金　5,000,000　　借入金　5,000,000

仕訳帳や伝票に仕訳を記入する

Q うちの会社では、領収書をもとにパソコン会計ソフトに入力しているから、帳簿の知識はいらない？

A 会計ソフトなら必要な帳簿は自動的に作成されるけど、仕訳が帳簿にまとめられるしくみは知っておくと◎

仕 訳帳や伝票、会計ソフトに取引を記録する

　仕訳は「仕訳帳」と呼ばれる帳簿や伝票に、1件1件日付順に記録していきます。仕訳帳は右のように日付、勘定科目、金額を端的に記しますが、帳簿に手書きする方法だと1人でしか作業できず、間違いや記入漏れの修正も大変な手間でした。そのため現在は、伝票を使ったり、会計ソフトに入力したりして記録する会社が一般的です。

　1つの取引を1枚の用紙に記入する伝票方式なら分業も修正も簡単。会計ソフトでは、取引を入力すると自動的に仕訳帳が作成されます。ここでは仕訳帳と伝票の記入例を見て、しくみを見ていきましょう。

会計ソフトを正しく使うには仕訳の知識が欠かせない！

 会社や個人事業主には、帳簿を作成して取引を記録することと、帳簿や書類（領収書や決算書類など）を一定の期間保存しておくことが義務付けられている。

仕訳帳への記入例

取引例

9月3日、□□缶詰工業から商品20万円を仕入れ、現金5万円を払って残りは掛けにした

9月4日、○○百貨店に商品8万円を販売し、代金は現金で受け取った

仕訳をすると……

仕訳の仕方は
P82〜87を
見てね

	借方		貸方	
9/3	仕入	200,000	現金	50,000
			買掛金	150,000
9/4	現金	80,000	売上	80,000

借方、貸方それぞれの科目と金額を記録する。

摘要欄に取引の概要を簡単に記録する。

仕訳帳

日付		借方		貸方		摘要
		科目	金額	科目	金額	
9	3	仕入	200,000	現金	50,000	□□缶詰工業からの仕入れ
				買掛金	150,000	
9	4	現金	80,000	売上	80,000	○○百貨店への売り上げ

手書きの仕訳帳では……

借方科目欄、貸方科目欄がない手書きの仕訳帳では、右のように、摘要欄に勘定科目を記入していました。

日付		摘要		元丁	借方	貸方
9	3	(仕入)	諸口		200,000	
			(現 金)			50,000
			(買掛金)			150,000
		□□缶詰工業からの仕入れ				

取引に伝票を利用する場合は、3種類の伝票を使い分ける3伝票制が一般的。
伝票を使うと、仕訳作業を分担しやすく、間違えた場合も修正が簡単にできる。

3伝票制で使われる伝票

出金伝票	入金伝票	振替伝票
現金で支払ったときに記録する青色の伝票。	現金を受け取ったときに記録する赤色の伝票。	出金・入金取引どちらにも当てはまらない取引に使う伝票。

出金伝票

取引例 10月2日、△△印刷に社名入りカレンダー作成費用5万円を現金で支払った

仕訳をすると……　10/2

借方		貸方	
広告宣伝費	50,000	現金	50,000

出金伝票	No. 71	承認印		係印	
	○年10月2日				

コード		支払先	△△印刷　様		

勘定科目	摘　　要	金　　額
広告宣伝費	社名入りカレンダー作成費	5 0,0 0 0
合　　　　計		5 0,0 0 0

POINT 借方の勘定科目（現金を支払った理由）を記入

入金伝票

取引例　10月8日、〇〇百貨店に珍味缶詰100セットを販売し、現金で10万円受け取った

仕訳をすると……

10/8	借方		貸方	
	現金	100,000	売上	100,000

入金伝票		No. 43	承認印			係印	
		〇年10月8日					

コード　　　　　　　入金先　〇〇百貨店　様

勘定科目	摘　　要	金　　額
売上	珍味缶詰100セット	1 0 0,0 0 0
合　　　　計		1 0 0,0 0 0

POINT　貸方の勘定科目（現金を受け取った理由）を記入

振替伝票

取引例　10月11日、◇◇食品から商品12万円（商品Y1,000個）を仕入れ、代金は掛けにした

仕訳をすると……

10/11	借方		貸方	
	仕入	120,000	買掛金	120,000

振替伝票　　　　　No. 37　　承認印　　　　係印

〇年10月11日

金　　額	借方科目	摘　　要	貸方科目	金　　額
1 2 0,0 0 0	仕入	◇◇食品(商品Y1,000個)	買掛金	1 2 0,0 0 0
1 2 0,0 0 0	合　　　計			1 2 0,0 0 0

POINT　仕訳と同じように、借方と貸方の合計は必ず一致する

仕訳帳や伝票から総勘定元帳に転記する

Q 転記って、書き写すことだよね？ 仕訳を記録したのに、どうしてさらに転記するの？

A 日付順の記録を勘定科目ごとにまとめ直すためなんだ。科目ごとの残高や、増減の理由を把握できるようになるよ

勘定科目ごとに整理し直す

仕訳帳

日付	借方		貸方		摘要
	科目	金額	科目	金額	
9 3	仕入	200,000	現金	50,000	□□缶詰工業からの仕入れ
			買掛金	150,000	
9 4	現金	80,000	売上	80,000	○○百貨店への売り上げ

伝票

出金伝票　No. 71
○年 10 月 2 日

入金伝票　No. 43
○年 10 月 8 日
○○百貨店　様

振替伝票　No. 37
○年 10 月 11 日

金額	借方科目	摘要	貸方科目	金額
120000	仕入	○○食品（商品￥1,000個）	買掛金	120000
120000	合　　計			120000

書き写す → **総勘定元帳**

仕訳を転記し、勘定科目ごとに分けて整理した帳簿が「総勘定元帳」。科目別に、残高や取引日、増減した取引理由などを確認できる。

総勘定元帳の記入例

現　金

1

Ⓐ 日付		Ⓑ 摘要	Ⓒ 仕丁	Ⓓ 借方	Ⓐ 日付		Ⓑ 摘要	Ⓒ 仕丁	Ⓓ 貸方
10	8	売上	43	100,000	10	2	広告宣伝費	71	50,000

買　掛　金

10

日付		摘要	仕丁	借方	Ⓐ 日付		Ⓑ 摘要	Ⓒ 仕丁	Ⓓ 貸方
					10	11	仕入	37	120,000

売　上

16

日付		摘要	仕丁	借方	Ⓐ 日付		Ⓑ 摘要	Ⓒ 仕丁	Ⓓ 貸方
					10	8	現金	43	100,000

Ⓐ　取引があった日付。

Ⓑ　仕訳のときに反対側に書いた科目（相手科目）。
　　相手科目が複数あるときは「諸口」と書く。

Ⓒ　仕訳帳や伝票の転記元（ページ数や伝票番号）。

Ⓓ　取引された金額。

補助簿を作ると取引の中身がよくわかる

Q 補助簿の作成義務はないんだよね。作ることで何かいいことがあるの？

A たとえば、得意先ごとに売掛金（うりかけきん）がいくら残っているか、商品ごとの在庫はいくらか、などを把握できるよ

会 社にとって必要なものを作れば OK

　仕訳帳や総勘定元帳は、決算書の作成に欠かせない帳簿で「主要簿」と呼びます。一方、主要簿の記録を補うために作られる帳簿を「補助簿」と呼びます。取引の詳細やお金の流れなどが記録されるもので、右のように多種類あります。業種や取引内容によって必要な補助簿は異なりますから、すべてを作る必要はありません。現金取引のみの会社なら掛け（あと払い）の取引を記録する「買掛金元帳（かいかけきん）」や「売掛金元帳」は不要ですし、手形取引がなければ「手形記入帳（てがた）」も不要。どの補助簿でどんな内容が記録されるのか知り、必要な補助簿を揃えましょう。

会計ソフトでは補助簿の作成も難しくないよ

 買掛金元帳があると、払い忘れや二重払いの防止に役立つように、補助簿を作ることで、経営上の問題点を把握したり、計画的に経営判断したりすることができる。

補助簿は大きく2つ

▌補助元帳

総勘定元帳を補う補助簿。商品の種類ごとや、取引先ごとに1冊ずつ作成することも。

売掛金元帳 （得意先台帳）	買掛金元帳 （仕入先台帳）	しょうひんありだかちょう 商品有高帳
得意先ごとに売掛金の増減を記録し、残高を管理する。	仕入先ごとに買掛金の増減を記録し、残高を管理する。	商品ごとに仕入明細や売上明細、在庫などを記録する。

▌補助記入帳

仕訳帳を補う補助簿。勘定科目ごとの増減などの明細が1冊にまとめられている。

すいとうちょう 現金出納帳	当座預金 出納帳	小口現金 出納帳	仕入帳
現金の入出金を日付順に記録。	当座預金の預け入れ、引き出し明細を記録。	小口現金の入出金を日付順に記録。	仕入商品の種類、数量、金額、仕入先などを記録。

売上帳	受取手形 記入帳	支払手形 記入帳
販売した商品の種類、数量、金額、相手などを記録。	受取手形（→ P98）が増減したときに明細を記録。	支払手形（→ P99）が増減したときに明細を記録。

売掛金元帳の記入例

売 掛 金 元 帳

〇〇百貨店 ← 得意先の名称

日付		摘要	Ⓐ 借方	Ⓑ 貸方	Ⓒ 借/貸	Ⓓ 残高
5	1	前月繰越	50,000		借	50,000
	4	売上	80,000		借	130,000
	10	回収		60,000	借	70,000
	13	返品		5,000	借	65,000

Ⓐ 取引の内容を簡単に記入。

Ⓑ 掛けで販売したときに売上金額を記入。

Ⓒ 売掛金の回収や返品があったら金額を記入。

Ⓓ その得意先に残っている売掛金の残高を記入。

買掛金元帳の記入例

買 掛 金 元 帳

□□缶詰工業 ← 仕入先の名称

日付		摘要	Ⓐ 借方	Ⓑ 貸方	Ⓒ 借/貸	Ⓓ 残高
6	1	前月繰越		45,000	貸	45,000
	3	仕入		60,000	貸	105,000
	15	支払	50,000		貸	55,000
	19	返品	5,000		貸	50,000

Ⓐ 取引の内容を簡単に記入。

Ⓑ 支払ったときや返品したときに金額を記入。

Ⓒ 掛けで仕入れたときに仕入金額を記入。

Ⓓ その仕入先に残っている買掛金の残高を記入。

商品有高帳の記入例

商品有高帳の記帳方法は、仕入れた順番に商品を払い出す「先入先出法」と、仕入れるたびに平均単価を計算して払い出す「移動平均法」の2通りある。

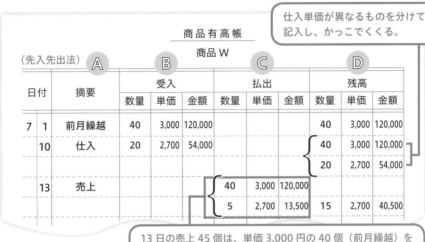

仕入単価が異なるものを分けて記入し、かっこでくくる。

商 品 有 高 帳

商品W

（先入先出法）

日付		摘要	受入			払出			残高		
			数量	単価	金額	数量	単価	金額	数量	単価	金額
7	1	前月繰越	40	3,000	120,000				40	3,000	120,000
	10	仕入	20	2,700	54,000				40	3,000	120,000
									20	2,700	54,000
	13	売上				40	3,000	120,000			
						5	2,700	13,500	15	2,700	40,500

13日の売上45個は、単価3,000円の40個（前月繰越）を払い出してから、単価2,700円の5個を払い出す。

Ⓐ 仕入、売上などの取引を記入。

Ⓒ 売り上げたときに、数量、仕入時の単価、金額を記入。

Ⓑ その商品の仕入時に、数量、単価、金額を記入。

Ⓓ 商品の在庫（数量、単価、金額）を計算して記入。

平均単価〔(在庫の金額12万円＋後に仕入れた商品金額5万4,000円)÷合計数量60個〕を計算して記入。

商 品 有 高 帳

商品W

（移動平均法）

日付		摘要	受入			払出			残高		
			数量	単価	金額	数量	単価	金額	数量	単価	金額
7	1	前月繰越	40	3,000	120,000				40	3,000	120,000
	10	仕入	20	2,700	54,000				60	2,900	174,000
	13	売上				45	2,900	130,500	15	2,900	43,500

平均単価2,900円に合わせて金額を計算する。

決算書を読むコツは「比較」に有り！

決算書は会社の成績表などといわれますが、1つ見るだけで、経営状態がよくなった、悪くなったなどと判断するのは困難です。

決算書を見るときに欠かせないのが、比較すること。前年の決算書と比べたり、他社の決算書と比べたりすることで、その決算書の立ち位置が見えてきます。

過去と比べる

前年と比べて数値が増えたのか、減ったのかを見る。過去3～5年間の決算書の数値と比べることで、上昇傾向か下降傾向か、不安定な状態かなどの傾向を把握できる。

ライバルと比べる

同業他社の決算書や業界平均の数値と比べることで、業績の良し悪しや、経営の長所／短所などが見えてくる。同業種、同規模など、比べるものさしをなるべくそろえるとよい。

〈比較方法〉
数値を比べる

売上高や資産合計など数値をそのまま比べると、違いが一目瞭然。
ただし、規模が違う会社との比較は難しい。

〈比較方法〉
比率を比べる

決算書の数字を使って計算した比率を比べると、収益性や安全性などを分析できる。比率なら規模の違う会社との比較も可能。

4

実務でよくある仕訳、習得トレーニング！

日常で使うことの多い仕訳について、
具体的な例を挙げて解説していきます。
仕訳のルールを
しっかり身につけましょう。

商売のキホン
売り買いの仕訳に挑戦！

決算書のしくみも、仕訳のルールも理解したら、簿記の土台は完成！

ドーン

土台

あとはひたすら、仕訳をトレーニングしよう！繰り返し仕訳することで、すらすらできるようになる。まずは「売り買いの仕訳」から！

バッ

トレーニングあるのみ！

『仕入』や『売上』の取引は仕訳例でやったから、ばっちり覚えたよ！

仕訳例1
商品を仕入れて現金が減った取引
→P64

仕訳例2
商品を売って現金が増えた取引
→P66

やるじゃん！

いいね〜。ただ、現場ではいろんな売り買いの形がある

売り買いの形が変わると、仕訳も変わるよ

前払い

あと払い

小切手

値引き

‥etc

商品売買の仕訳

商品を現金払いで仕入れた

販 売するための商品の購入費用

　消費者や小売業者などに販売するための商品をメーカーや卸売業者から購入したときは「仕入」の勘定科目を用います。

　下のような仕入れに伴う費用も「仕入」の金額に含めます。

　仕入は、売上に直接対応する費用です。そのため、同じ費用科目である旅費交通費や消耗品費などのいわゆる経費とは区別します。

仕入になる主なもの

仕入れた商品を運ぶ運送料などの
付随費用は「仕入諸掛り」という。

- 商品仕入
- 購入手数料
- 仕入れに伴う運送料
- 関税などの付随費用
- 製品仕入

　　など

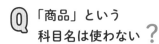

Q 「商品」という
科目名は使わない？

A 商品売買の記録には「三分法（さんぶんぽう）」「分記法（ぶんきほう）」「総記法（そうきほう）」といった方法があって、本書では一般的に使われている三分法をご紹介。三分法は仕入、売上、繰越商品（くりこししょうひん）（在庫。→ P170）の３つに分けて処理する方法。「商品」は、期中の仕訳に出てこないけど、５章の決算処理で登場するよ。

 商品売買の仕訳を商品と商品売買益とで処理する方法を「分記法」という。取引のたびに利益を確認できるが、利益の計算が複雑。

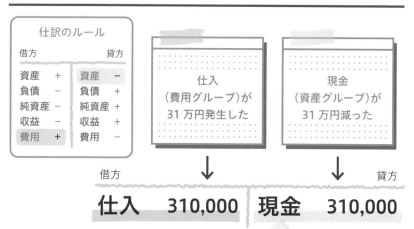

仕訳例 4

商品 30 万円を仕入れて、
運送料 1 万円と合わせた代金を現金で支払った。

仕訳のルール	
借方	貸方
資産　＋	資産　－
負債　－	負債　＋
純資産　－	純資産　＋
収益　－	収益　＋
費用　＋	費用　－

仕入
（費用グループ）が
31 万円発生した

現金
（資産グループ）が
31 万円減った

借方　　　　　　　　　　　　　　　　　　　　貸方

仕入	310,000	現金	310,000

\ ちゅうもく！/

支払い方法によって科目が変わる

同じ仕入れでも、
代金の支払い方法
によって貸方の勘
定科目が右のよう
に変わる。

掛けで仕入れた（→ P84）　⟶　仕入　買掛金（かいかけきん）

小切手で支払った（→ P97）　⟶　仕入　当座預金（とうざよきん）

手形で支払った（→ P99）　⟶　仕入　支払手形（しはらいてがた）

仕入を記録するタイミング

注文
する　▶　**商品が
届く**　▶　**商品を
確認する**　▶　請求書を
受け取る　▶　代金を
支払う

多くの取引では注文から支払いまでのタイムラグがあります。商品の到着時
（着荷基準）や、内容等の確認時（検収基準）など基準を決めて記録しましょう。

商品売買の仕訳

商品を掛けで仕入れた

商 品やサービスのあと払いには「買掛金」

　同じ仕入先から頻繁に商品を仕入れる場合、1ヵ月分の代金をまとめてあと払いすることがあります。これを「掛け」といいます。掛けで仕入れる取引の仕訳には「買掛金」という勘定科目を用います。**あとで代金を支払わなければならないという義務が生まれるため、負債グループの科目です。**下のように、仕入れと支払いのタイミングがズレるため、それぞれの取引で仕訳が必要になります。

買掛金のしくみ

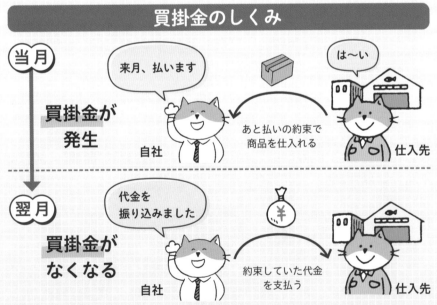

当月

買掛金が発生

来月、払います

は〜い

自社

あと払いの約束で商品を仕入れる

仕入先

翌月

買掛金がなくなる

代金を振り込みました

自社

約束していた代金を支払う

仕入先

本来の営業取引以外のもの（消耗品や備品など）をあと払いで購入したときは、負債グループの「未払金」（→ P140）という勘定科目を用いる。

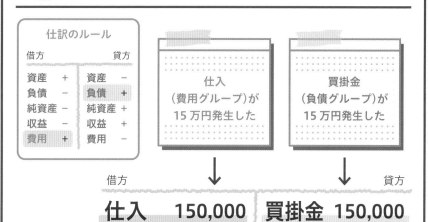

仕訳例 5

商品15万円を仕入れて、
代金は翌月20日に支払う約束をした。

掛けで
仕入れたとき

仕訳のルール

借方		貸方	
資産	＋	資産	－
負債	－	負債	＋
純資産	－	純資産	＋
収益	－	収益	＋
費用	＋	費用	－

仕入
（費用グループ）が
15万円発生した

買掛金
（負債グループ）が
15万円発生した

借方　　　　　　　　　　　　　　　　　貸方

仕入　150,000　　**買掛金　150,000**

仕訳例 6

先月仕入れた
商品15万円の代金を、
普通預金から仕入先会社の口座へ振り込んだ。

買掛金を
支払ったとき

仕訳のルール

借方		貸方	
資産	＋	資産	－
負債	－	負債	＋
純資産	－	純資産	＋
収益	－	収益	＋
費用	＋	費用	－

買掛金
（負債グループ）が
15万円減った

普通預金
（資産グループ）が
15万円減った

借方　　　　　　　　　　　　　　　　　貸方

買掛金　150,000　　**普通預金 150,000**

商品売買の仕訳

商品を売り上げて 現金を受け取った

商 品の販売やサービスの提供で得た収入

商品、製品を販売したり、サービスを提供したりして代金を得たら、収益科目である「売上」を用いて仕訳します。現金取引だけでなく、掛けでの販売も売上に含みます。ただし、**売上は本業である営業活動によって得た収益だけ**。本業以外で得た預金利息などの収益は売上になりません。

販売時の発送費は、費用になる

商品の発送などにかかる費用を「売上諸掛り」という。これを売り手が負担する場合、「荷造発送費」などの科目で費用として計上することで、利益を正確に計算できる。

仕入れる際の コスト処理とは違う

商品の仕入れに伴う配送料や運賃などは、「仕入」に含めて計上するよ（→P82）。

売上を記録するタイミング

注文を受ける ▶ 商品を出荷する ▶ 商品を納品する ▶ 請求書を発行する ▶ 代金を回収する

掛けで売り上げた場合、入金が先であっても商品を渡すときに売上を仕訳します。商品の出荷時、納品時、相手の検品時などに記録するのが一般的ですが、いずれにしても、いつも同じタイミングで記録することが重要です。

仕訳例 7 商品8万円を売り上げて、代金は現金で受け取った。

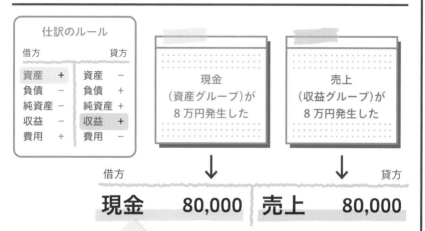

仕訳のルール

借方		貸方	
資産	**+**	資産	−
負債	−	負債	+
純資産	−	純資産	+
収益	−	収益	**+**
費用	+	費用	−

現金（資産グループ）が8万円発生した

売上（収益グループ）が8万円発生した

借方		貸方	
現金	80,000	売上	80,000

\ ちゅうもく！/

代金の回収方法によって科目はさまざま

代金の受け取り方法が変わると、借方の勘定科目も変わります。

掛けで売った（→ P88）	売掛金	売上
小切手を受け取った（→ P97）	現金	売上
手形を受け取った（→ P98）	受取手形	売上

Ⓠ デザイナーの仕事ならデザイン収入が「売上」だよね❓

Ⓐ 商品や製品の販売だけでなく、サービスの提供や請負など、その会社（や個人）の主な営業活動による収入は「売上」で仕訳するのが一般的。

商品売買 / 金融機関 / 経費 / 固定資産 / 個人事業主

87

科目名

☑ うりかけきん
売掛金

相手科目：売上

商品売買の仕訳

商品を掛けで販売した

商品を渡して、代金はあとで……

　あと払いの約束で商品を販売するときは、資産グループの「売掛金」という勘定科目で仕訳します。**先に商品を納めて、代金（売掛金）はあとで回収するため、右のようにそれぞれのタイミングで仕訳します。**

　売掛金は、取引先の倒産などによって回収できない可能性も考えられます。これを「貸倒れ」といい、貸倒れの可能性を考慮して対策する必要があることも。詳しくは「貸倒引当金」（→ P182）のところで説明します。

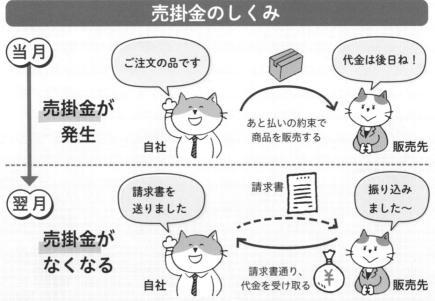

売掛金のしくみ

当月

売掛金が発生

ご注文の品です

あと払いの約束で
商品を販売する

代金は後日ね！

自社　　　　　　　　　　　　　　　　　　　　　　販売先

翌月

売掛金がなくなる

請求書を
送りました

請求書

振り込み
ました～

請求書通り、
代金を受け取る

自社　　　　　　　　　　　　　　　　　　　　　　販売先

 掛け取引は、信頼関係のある取引先同士で行われるのが一般的。手元に現金がなくても、信用があることで売買が成り立つ取引だ。

仕訳例 **8**

得意先に商品10万円を
販売し、代金は後日
受け取ることになっている。

掛けで
売り上げたとき

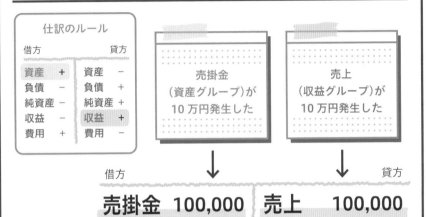

仕訳のルール

借方		貸方	
資産	＋	資産	－
負債	－	負債	＋
純資産	－	純資産	＋
収益	－	収益	＋
費用	＋	費用	－

売掛金
（資産グループ）が
10万円発生した

売上
（収益グループ）が
10万円発生した

借方

貸方

売掛金　100,000　売上　100,000

仕訳例 **9**

先月販売した商品10万円の
代金が、得意先会社から
普通預金口座に振り込まれた。

売掛金を
回収したとき

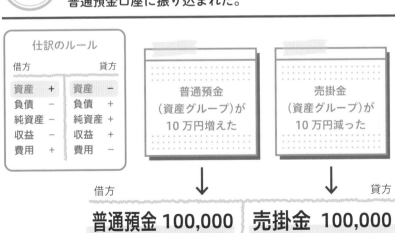

仕訳のルール

借方		貸方	
資産	＋	資産	－
負債	－	負債	＋
純資産	－	純資産	＋
収益	－	収益	＋
費用	＋	費用	－

普通預金
（資産グループ）が
10万円増えた

売掛金
（資産グループ）が
10万円減った

借方

貸方

普通預金　100,000　売掛金　100,000

✓
仕入／売上
（しいれ／うりあげ）
〈逆仕訳〉

商品売買の仕訳

商品を返品した／
商品を返品された

注文したのと
違う……

返品したら、仕入を取り消す

注文と違う商品が届いたり、商品に不具合が
あったりして、一度仕入れた商品を返品するこ
とを「仕入戻し」というよ。返品分の仕入を取
り消す仕入の「逆仕訳」を覚えておこう

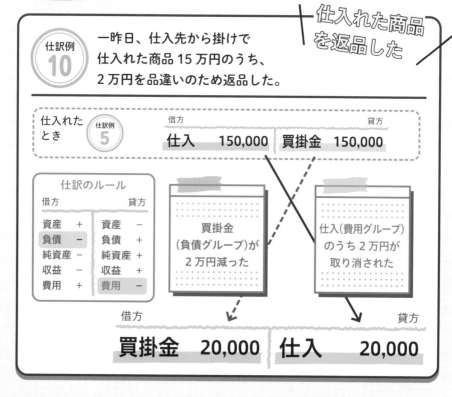

仕訳例
10

一昨日、仕入先から掛けで
仕入れた商品15万円のうち、
2万円を品違いのため返品した。

仕入れた商品
を返品した

仕入れた とき	仕訳例 5	借方	貸方
		仕入 150,000	買掛金 150,000

仕訳のルール

借方		貸方	
資産	＋	資産	－
負債	－	負債	＋
純資産	－	純資産	＋
収益	－	収益	＋
費用	＋	費用	－

買掛金
（負債グループ）が
2万円減った

仕入（費用グループ）
のうち2万円が
取り消された

借方	貸方
買掛金 20,000	**仕入 20,000**

返品することも、
されることもある

返品されたら、売上を取り消す

販売する立場から見ると、得意先から商品が
返品されることもあるね。いったん売り上げ
た商品が戻ってくるため、「売上戻り」となる。
下のように返品分の売上を取り消そう。

仕訳例 11　先日、掛けで販売した商品
10万円のうち、
5,000円分が返品されてしまった。

販売した商品を返品された

販売したとき 仕訳例 8	借方	貸方
	売掛金 100,000	売上 100,000

仕訳のルール

借方	貸方
資産 ＋	資産 －
負債 －	負債 ＋
純資産 －	純資産 ＋
収益 －	収益 ＋
費用 ＋	費用 －

売上（収益グループ）
のうち5,000円が
取り消された

売掛金
（資産グループ）が
5,000円減った

借方	貸方
売上 5,000	売掛金 5,000

商品に不具合が見つかった場合、
返品ではなく、商品代金を値引
きすることもあるよ（→P92）

科目名
☑ 売上
うりあげ
〈逆仕訳〉

商品売買の仕訳
販売した商品を 値引きした

値引きをしたら、売上と逆にする

　販売した商品にキズや汚れがあることがわかったとき、商品はそのまま受け取ってもらい、商品代金をまけることで対応するケースもあるでしょう。売り上げた商品代金を値引きするため、「売上値引き」といいます。この場合、**値引きした分の売り上げを取り消す仕訳を行います**。返品されたときと同じ、売上の逆仕訳です。

　また、下のような「割戻」という販売でも売上の逆仕訳をします。

「値引」と「割戻」の違い

「値引」や「割戻」は、商品を売買したあとに、代金を減額したり返金したりする取引。どちらも売上を減らすことになる取引だが、下のような違いがある。

値引

"訳あり品"だったから30%オフ

商品にキズや不具合があった場合に、商品代金を安くすることを「値引」という。

割戻

"まとめ買い"したら3万円キャッシュバック

たくさん買った得意先に対し、売上代金から決められた額や率を減額・返金すること。

正確には、返品や割引、割戻などを集計する必要があるため、売上の逆仕訳ではなく、「売上返品」「仕入返品」「売上割引」「仕入割引」などの別の勘定科目を用いて仕訳する。

仕訳例 12

8万円で販売した商品の一部について、
パッケージ不良が報告されたため、
得意先に1万円の値引きを行い返金した。

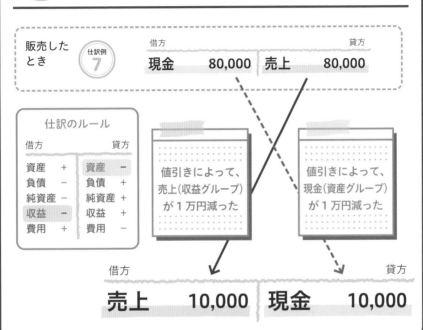

販売した とき **仕訳例 7**

借方		貸方	
現金	80,000	売上	80,000

仕訳のルール

借方		貸方	
資産	＋	資産	－
負債	－	負債	＋
純資産	－	純資産	＋
収益	－	収益	＋
費用	＋	費用	－

値引きによって、
売上（収益グループ）
が1万円減った

値引きによって、
現金（資産グループ）
が1万円減った

借方		貸方	
売上	10,000	現金	10,000

では、問題！
仕入れた商品に不具合が
あって値引きしてもらう場合、
どんな仕訳になるかな？

仕入	現金
現金	仕入

返品しないけど、まけて
もらうんだよね。それなら、
仕入の逆仕訳だね！

商品売買の仕訳

内金を支払って
商品を仕入れた

商品を受け取る前に、支払っている代金

注文時に仕入先に商品代金の一部を前払いしたときに使う勘定科目が「前払金」。" あとで商品を受け取る権利 " と考えるため資産の科目です。前払いしたとき、商品を受け取ったとき、それぞれで仕訳します。

会社によって
「前渡金」（まえわたしきん）
ともいうよ

前払金のしくみ

当月

これでよろしく！

前払金が
発生

自社

商品を注文し、代金
の一部を前払いした

内金を
いただきます

仕入先

翌月

商品を受け
取りました

前払金が
なくなる

自社

POINT 商品が動いた時点で
「仕入」が発生する

商品が納品され、
仕入代金の残額を
支払った

仕入先

 前払金は、一般的には「内金」や「手付金」と呼ばれるお金で、商品が納品される前に、前もって支払う代金の一部（または全部）のこと。

仕訳例 13

新規の仕入先に
商品30万円を注文し、
内金として10万円を現金で支払った。

注文して内金を
支払ったとき

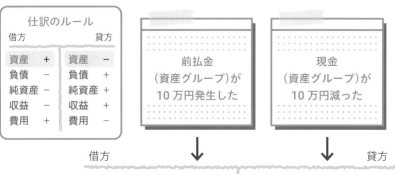

仕訳のルール

借方		貸方	
資産	＋	資産	－
負債	－	負債	＋
純資産	－	純資産	＋
収益	－	収益	＋
費用	＋	費用	－

前払金
（資産グループ）が
10万円発生した

現金
（資産グループ）が
10万円減った

借方　　　　　　　　　　　貸方

前払金 100,000　現金 100,000

仕訳例 14

内金を払ってから半月後、仕入先から
商品30万円が納品された。代金30万円のうち、
10万円は支払い済の内金を充て、残り20万円は現金で支払った。

商品が納品
されたとき

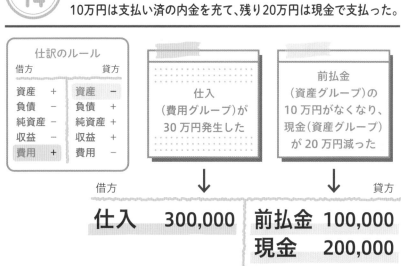

仕訳のルール

借方		貸方	
資産	＋	資産	－
負債	－	負債	＋
純資産	－	純資産	＋
収益	－	収益	＋
費用	＋	費用	－

仕入
（費用グループ）が
30万円発生した

前払金
（資産グループ）の
10万円がなくなり、
現金（資産グループ）
が20万円減った

借方　　　　　　　　　　　貸方

仕入 300,000　前払金 100,000
　　　　　　　現金 200,000

小切手や手形で支払いをした／された

現金の代わりに使える支払手段

小切手や手形は、必要事項を記入し相手に渡すと相手があとで現金化できる証券。銀行で当座預金口座を開設すると、下のようなしくみで利用できるよ。
小切手を振り出す（渡す）には額面金額を口座に入れておく必要があるけど、手形は支払日までに入金すればOKだよ。

小切手は即日換金できる

手形は支払期日を2、3ヵ月後に設定できる

小切手や手形のしくみ

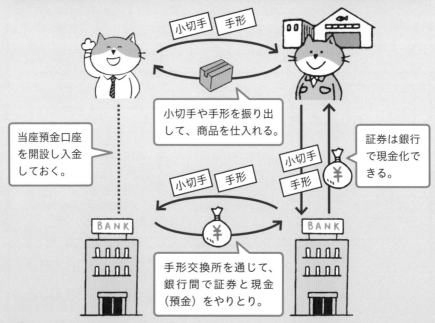

小切手や手形を振り出して、商品を仕入れる。

当座預金口座を開設し入金しておく。

証券は銀行で現金化できる。

手形交換所を通じて、銀行間で証券と現金（預金）をやりとり。

手形には約束手形と為替手形の2種類があり、通常の実務で使われるのは主に約束手形。本書では約束手形について解説している。

仕訳例 **15**

商品15万円を販売して、代金は小切手で受け取った。（他人振出の）小切手を受け取ったときはすぐに現金化できるため、「現金」として仕訳する。

小切手を受け取ったとき

仕訳のルール

借方		貸方	
資産	＋	資産	－
負債	－	負債	＋
純資産	－	純資産	＋
収益	－	収益	＋
費用	＋	費用	－

現金
（資産グループ）が
15万円増えた

売上
（収益グループ）が
15万円発生した

借方　↓　　　　　　　↓　貸方

現金　150,000　　**売上**　150,000

仕訳例 **16**

商品18万円を仕入れ、小切手で支払いをした。小切手を振り出したときは、資産グループの「当座預金」が減ると考える。

小切手を振り出したとき

仕訳のルール

借方		貸方	
資産	＋	資産	－
負債	－	負債	＋
純資産	－	純資産	＋
収益	－	収益	＋
費用	＋	費用	－

仕入
（費用グループ）が
18万円発生した

当座預金
（資産グループ）が
18万円減った

借方　↓　　　　　　　↓　貸方

仕入　180,000　　**当座預金** 180,000

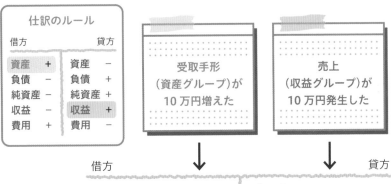

仕訳例 17

得意先の百貨店に商品を販売して、
代金 10 万円は手形で受け取った。
受け取った手形は資産グループの「受取手形」で仕訳する。

手形を受け取ったとき

仕訳のルール

借方		貸方	
資産	+	資産	−
負債	−	負債	+
純資産	−	純資産	+
収益	−	収益	+
費用	+	費用	−

受取手形
（資産グループ）が
10 万円増えた

売上
（収益グループ）が
10 万円発生した

借方　　　　　　　　　　　　　　　　　貸方

受取手形 100,000 ｜ 売上　100,000

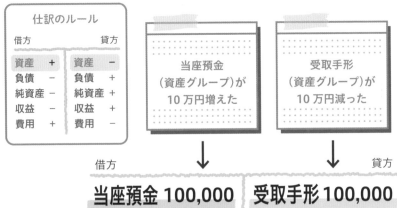

仕訳例 18

得意先から 3 ヵ月前に
受け取った 10 万円の手形が
期日を迎えたため、当座預金口座に入金された。

手形の代金が振り込まれたとき

仕訳のルール

借方		貸方	
資産	+	資産	−
負債	−	負債	+
純資産	−	純資産	+
収益	−	収益	+
費用	+	費用	−

当座預金
（資産グループ）が
10 万円増えた

受取手形
（資産グループ）が
10 万円減った

借方　　　　　　　　　　　　　　　　　貸方

当座預金 100,000 ｜ 受取手形 100,000

仕訳例 **19**

仕入先から商品12万円を仕入れ、
代金の支払いとして手形を振り出した。
振り出した手形は負債グループの「支払手形」で仕訳する。

手形を振り出したとき

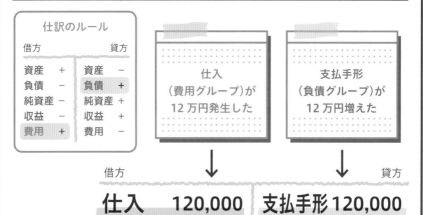

仕訳のルール	
借方	貸方
資産　＋	資産　－
負債　－	負債　＋
純資産－	純資産＋
収益　－	収益　＋
費用　＋	費用　－

仕入
（費用グループ）が
12万円発生した

支払手形
（負債グループ）が
12万円増えた

借方　　　　　　　　　　　　　　　　　　　　　貸方

仕入　120,000　支払手形120,000

仕訳例 **20**

仕入先に3ヵ月前に振り出した
12万円の手形が期日を迎え、
当座預金口座から12万円が引き落とされた。

手形の代金を支払ったとき

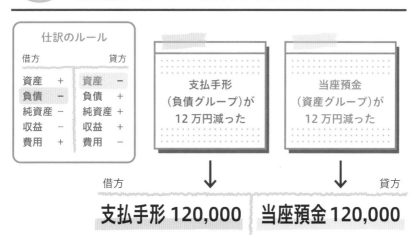

仕訳のルール	
借方	貸方
資産　＋	資産　－
負債　－	負債　＋
純資産－	純資産＋
収益　－	収益　＋
費用　＋	費用　－

支払手形
（負債グループ）が
12万円減った

当座預金
（資産グループ）が
12万円減った

借方　　　　　　　　　　　　　　　　　　　　　貸方

支払手形 120,000　当座預金120,000

期日前の手形を使う2つの方法

手形を受け取った場合、通常は期日を迎えて入金されるのを待つが、「手形の裏書譲渡」「手形の割引」などの方法で期日前に使うこともできる。

期日まで
待たなくてもOK

方法 1 手形の割引

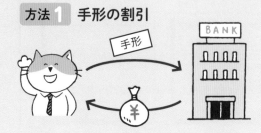

期日前であっても銀行などで手形を買い取ってもらうことが可能。その場合、期日までの分の割引料（手数料のこと）を差し引いた金額を受け取ることになる。

方法 2 手形の裏書譲渡

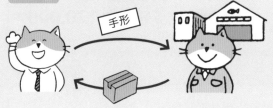

受取手形の裏面に必要事項を記入すると、支払いを受ける権利を第三者に譲渡できる。得意先から受け取った手形を別の支払いに使うことが可能。

紙の手形、小切手から「電子記録債権」へ

手形や小切手の利用は減っていて、2026年度末までに電子化される方針だよ。盗難や紛失リスクがなく、事務負担や経費も減る見込みなんだ。電子記録する取引では、受取手形や売掛金の代わりに「電子記録債権」という資産グループの科目で記録しよう。

電子化によるメリット

 リスクの減少

 事務負担の減少

 コストの減少

自社が支払う場合は負債グループの「電子記録債務」という科目を使おう

仕訳例 **21**

得意先に商品15万円分を掛けで販売していたが、その売掛金の支払いを電子記録債権で行うとの通知を受けた。

仕訳のルール

借方		貸方	
資産	＋	資産	－
負債	－	負債	＋
純資産	－	純資産	＋
収益	－	収益	＋
費用	＋	費用	－

電子記録債権（資産グループ）が15万円増えた

売掛金（資産グループ）が15万円減った

借方 ↓ ↓ 貸方

電子記録債権 150,000　売掛金　150,000

仕訳例 **22**

得意先からの15万円の電子記録債権が期日を迎え、普通預金口座に入金された。

仕訳のルール

借方		貸方	
資産	＋	資産	－
負債	－	負債	＋
純資産	－	純資産	＋
収益	－	収益	＋
費用	＋	費用	－

普通預金（資産グループ）が15万円増えた

電子記録債権（資産グループ）が15万円減った

借方 ↓ ↓ 貸方

普通預金　150,000　電子記録債権 150,000

内容がわからない入金があった！

> 先月の売掛金の
> 支払いかな？

> でも金額が異なるから、
> 単なる間違いかな？

> ひょっとして、
> 誰かが新規の契約を
> 結んだ手付金
> なのかも……？

こんなときは

負債グループの「仮受金」
という科目で仕訳しよう

逆に詳細不明の支払いがあったときは、
「仮払金」で仕訳しよう（→ P132）

仮受金のしくみ

今週

**仮受金が
発生**

> 何の入金かな？

自社

理由不明の入金
は、一時的に仮
受金として仕訳。

？

翌週

**仮受金が
なくなる**

> 売掛金か！

入金理由が判明し
たら、正しい勘定
科目に振り替える。

> 商品Aの
> 代金です！

得意先

仕訳例 23

得意先から普通預金口座に3万円の入金があったが、入金理由がわからない。一時的に仮受金（負債グループ）で仕訳する。

理由不明の入金があったとき

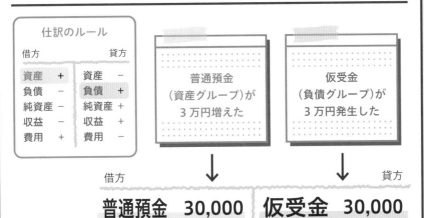

仕訳のルール

借方		貸方	
資産	+	資産	−
負債	−	負債	+
純資産	−	純資産	+
収益	−	収益	+
費用	+	費用	−

普通預金
（資産グループ）が
3万円増えた

仮受金
（負債グループ）が
3万円発生した

借方　　　　　　　　　　　　　　　　　　　貸方

普通預金　30,000　仮受金　30,000

仕訳例 24

得意先に確認したところ、仮受金として仕訳した3万円入金は先月の商品Aの代金（売掛金）だったことが判明した。

入金理由が判明したとき

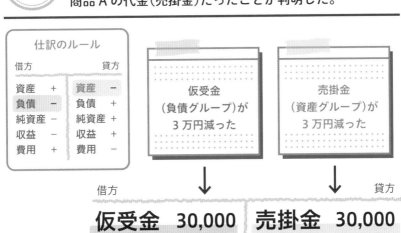

仕訳のルール

借方		貸方	
資産	+	資産	−
負債	−	負債	+
純資産	−	純資産	+
収益	−	収益	+
費用	+	費用	−

仮受金
（負債グループ）が
3万円減った

売掛金
（資産グループ）が
3万円減った

借方　　　　　　　　　　　　　　　　　　　貸方

仮受金　30,000　売掛金　30,000

商品売買

金融機関

経費

固定資産

個人事業主

103

金融機関との取引の仕訳

現金を口座から引き出した

現金の管理は仕訳の基本！

　支払いなどで紙幣や硬貨が出入りしたときは、資産グループの「現金」科目で仕訳します。下の通り、**通貨以外に現金として扱うものもあるため**覚えておきましょう。現金は、お札や小銭をいちいち数えないと残高がわからず、管理に手間がかかります。飲食業など現金が不可欠な業種もありますが、時代に合わせたキャッシュレス取引も増えてきています。

通貨以外の「現金」も

「現金」として扱う

通貨代用証券は
銀行に持参すると
すぐに換金できるよ

☑ **通貨**
・国内通貨　　・外国通貨

☑ **通貨代用証券**
・受け取った小切手（他人が振り出した小切手）
・送金小切手
（送金手段として銀行が振り出す小切手）
・配当金領収証（配当金を受け取るための証書）
・期限到来後の公社債利札
（利息を受け取るための引換券）

✕ 「現金」として扱わない

・切手や収入印紙
換金目的のものではないため通信費や租税公課（→ P142）になる。

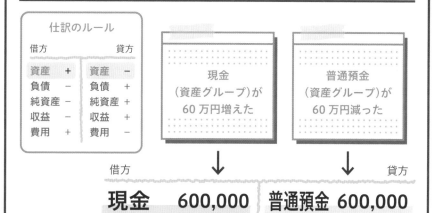

仕訳例 25

現金60万円を
普通預金口座から引き出した。

預金を
引き出したとき

仕訳のルール

借方		貸方	
資産	+	資産	−
負債	−	負債	+
純資産	−	純資産	+
収益	−	収益	+
費用	+	費用	−

現金
（資産グループ）が
60万円増えた

普通預金
（資産グループ）が
60万円減った

借方　　　　　　　　　　　　　　　　　　貸方

現金　600,000　普通預金 600,000

仕訳例 26

手元にある現金80万円を
普通預金口座に預け入れた。

現金を預け
入れたとき

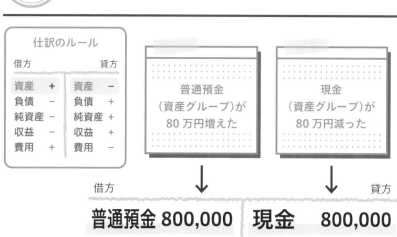

仕訳のルール

借方		貸方	
資産	+	資産	−
負債	−	負債	+
純資産	−	純資産	+
収益	−	収益	+
費用	+	費用	−

普通預金
（資産グループ）が
80万円増えた

現金
（資産グループ）が
80万円減った

借方　　　　　　　　　　　　　　　　　　貸方

普通預金 800,000　現金　800,000

定期預金
てい き よ きん

相手科目：普通預金
など

金融機関との取引の仕訳

定期預金が満期に
なって利息がついた

融機関に預け入れたお金

　銀行や信用金庫、郵便局などに預けている預金や貯金は、資産グループ
の預金の勘定科目で仕訳します。代表的な預金の種類は、「**普通預金**」「**定
期預金**」「**当座預金**」の3つ。それぞれできることが異なり、下のような
特徴があります。

　一般的には、預金ごとに勘定科目を設定しますが、個人事業主などで普
通預金だけを使っている場合は、「預金」のままでも問題ありません。

いろいろな預金

普通預金

お金の預け入れや引き
出しが自由にできる。
金利は変動金利で、
ATMを使って入出金
できる。

定期預金

一定の期間を指定して
お金を預ける。原則、
期間内は出金できない
が、普通預金よりも金
利が高い。

当座預金

事業の支払いに使われ、
小切手や支払手形を発
行できる。現金の出し
入れも自由。利息はつ
かない。

郵便局の貯金も、
「預金」科目の1つだよ

複数の金融機関に普通預金口座をもっているときは、「普通預金（〇〇銀行）」「普通預金（ゆう
ちょ銀行）」のように銀行名がわかるよう仕訳する。

仕訳例 27

定期預金 100 万円が満期となり、利息 1 万円から
源泉所得税等（1,531 円）が控除され
8,469 円とともに普通預金口座に入金された。
源泉所得税等は「仮払法人税等」（資産科目）で処理する。

源泉所得税等の計算	利息1万円×源泉所得税率15.315％＝1,531円

※１円未満の端数は切り捨て。

仕訳のルール

借方		貸方	
資産	＋	資産	－
負債	－	負債	＋
純資産	－	純資産	＋
収益	－	収益	＋
費用	＋	費用	－

普通預金
（資産グループ）が
100万8,469円増えた

仮払法人税等
（資産グループ）が
1,531円増えた

定期預金
（資産グループ）が
100万円減った

受取利息
（収益グループ）が
1万円発生した

↓ ↓

借方 貸方

普通預金	1,008,469	定期預金	1,000,000
仮払法人税等	1,531	受取利息	10,000

 ＼ちゅうもく！／

利息を受け取ったら「受取利息」

金融関係の取引で得た下の
ような利子や利息を仕訳す
るときには、「受取利息」
の勘定科目を用いる。

● 預貯金の利息
● 有価証券の利息
● 貸付金の利息

「有価証券利息」や
「受取利息配当金」などの
科目を使うこともあるよ

金融機関との取引の仕訳

銀行から運転資金を借り入れた

りたお金は、負債グループ

　支払いや設備投資のために銀行などからお金を借りることがあります。こんなときは、負債グループの「借入金」という勘定科目で仕訳します。逆に従業員などへお金を貸したときは「貸付金」（資産科目）を用います。

　返済までの期間が、決算日の翌日から1年以内のものを「短期借入金」、1年を超えるものを「長期借入金」と使い分けるのが一般的です。

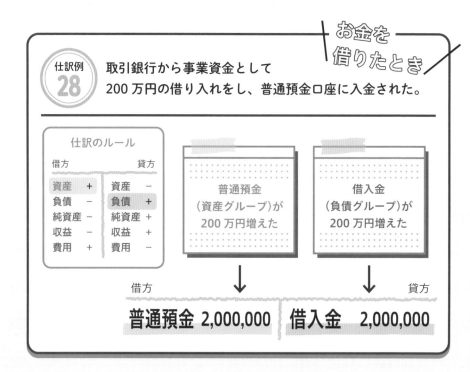

仕訳例
28

取引銀行から事業資金として
200万円の借り入れをし、普通預金口座に入金された。

お金を
借りたとき

仕訳のルール

借方		貸方	
資産	＋	資産	－
負債	－	負債	＋
純資産	－	純資産	＋
収益	－	収益	＋
費用	＋	費用	－

普通預金
（資産グループ）が
200万円増えた

借入金
（負債グループ）が
200万円増えた

借方

普通預金 2,000,000

借入金 2,000,000

貸方

借入金の利息

借入金には原則、利息が発生するもの。利息の支払いは「支払利息」として仕訳する。

「支払利息」は費用グループなんだ

POINT 月割りの利息の計算式

$$借入金額 × 年利(\%) × \frac{借入期間}{12ヵ月} = 利息$$

お金を返したとき

仕訳例 **29**

返済日に普通預金口座から、借入金200万円と利息1万5,000円が引き落とされた（利息の年利率は1%、借入期間は9ヵ月）。

支払利息の計算

$$200万円 × 1\% × \frac{9ヵ月}{12ヵ月} = 1万5,000円$$

仕訳のルール

借方		貸方	
資産	+	資産	−
負債	−	負債	+
純資産	−	純資産	+
収益	−	収益	+
費用	+	費用	−

借入金（負債グループ）が200万円減った
支払利息（費用グループ）が1万5,000円発生した

普通預金（資産グループ）が201万5,000円減った

借方		貸方	
借入金	2,000,000	普通預金	2,015,000
支払利息	15,000		

科目名

支払保険料
しはらいほけんりょう

相手科目：普通預金

火災保険に加入して、保険料を支払った

保 険会社に支払う保険料のこと

「火災や自然災害によって店舗や商品が損害を受ける」「業務中の事故で従業員がケガをする」「商品やサービスの不備によって取引先や顧客に損失を与えてしまう」など、事業にはさまざまなリスクが伴います。そんなリスクに備えて加入するのが保険で、掛け捨てタイプの保険料は「支払保険料」（費用グループ）で記録します。**生命保険は、被保険者や受取人、保険のタイプによって下のように科目が変わる**ので、注意しましょう。

保険のタイプは大きく2つ

会社の資産にかける
損害保険

- 火災保険料
- 自動車任意保険料
- 損害賠償責任保険料
- 運送保険料
- 傷害保険料

事業に必要な会社の資産などにかける、会社や事業主が保険受取人となる保険は「支払保険料」で処理する。

従業員を被保険者とする
生命保険

- 定期保険料（死亡保険）
- 年金保険料（生存保険）
- 養老保険料（生死混合保険）

非貯蓄型かつ、会社が契約者で受取人になる生命保険は「支払保険料」で処理。受取人が被保険者（従業員本人）や遺族の場合は、「給与手当」などの科目になる。

 受取人が会社で、満期保険金がつくなど貯蓄性のある生命保険の保険料を支払ったときは、資産グループの「保険積立金」という勘定科目で記録する。

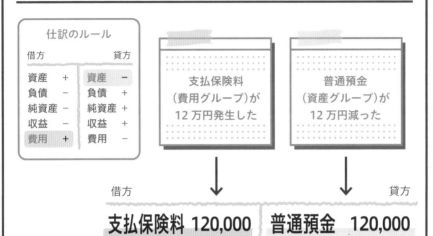

仕訳例 30

倉庫の火災保険料1年分の12万円が
普通預金口座から引き落とされた。

仕訳のルール

借方		貸方	
資産	＋	資産	－
負債	－	負債	＋
純資産	－	純資産	＋
収益	－	収益	＋
費用	＋	費用	－

支払保険料
（費用グループ）が
12万円発生した

普通預金
（資産グループ）が
12万円減った

借方　　　　　　　　　　　　　　　　　　　　貸方

支払保険料 120,000　普通預金 120,000

\ ちゅうもく！ /

次期分を前払いしたら「費用の繰り延べ」が必要

損害保険を次期の分まで前払い
した場合は、決算のときにその
分を費用から差し引いて次期に
繰り延べる必要がある（「費用
の繰り延べ」→ P178）。

1年分や数年分を
前払いすることも
あるよね

保険金を受け取ったときは？

　いざというときに保険が奏功して
保険金を受け取ったときは、法人の
場合、収益グループの「雑収入」と
いう勘定科目で記録するのが一般的
です。

　掛け捨てではなく、貯蓄性のある
保険で「保険積立金」を計上してい
たならば、保険会社から受け取った
保険金と保険積立金との差額が雑収
入になります。

有価証券
有価証券売却益

相手科目：普通預金

金融機関との取引の仕訳

売買目的の株式を購入・売却した

"価値が有る"から有価証券

　株式や社債、国債や地方債などを有価証券と呼びます。**投資目的、いわゆる資産運用のために有価証券を売買する場合**、「有価証券」（資産グループ）という勘定科目で記録します。売買によって利益が出たら、収益グループの「有価証券売却益」という科目で右のように仕訳しましょう。

仕訳例 **31**

1株700円の上場株式を、売買目的で100株購入。
手数料1,000円と合わせて普通預金口座から振り込んだ。

有価証券を買ったとき

株式の取得原価の計算式　**1株当たりの金額×株式数＋売買手数料＝取得原価**

［仕訳例の場合］700円×100株＋1,000円＝7万1,000円

仕訳のルール	
借方	貸方
資産　＋	資産　－
負債　－	負債　＋
純資産　－	純資産　＋
収益　－	収益　＋
費用　＋	費用　－

有価証券
（資産グループ）が
7万1,000円増えた

普通預金
（資産グループ）が
7万1,000円減った

借方　　　　　　↓　　　　　　　　　　　↓　　　　　　貸方

有価証券　71,000　　　**普通預金　71,000**

有価証券を売ったとき

仕訳例 32

7万1,000円で購入した株式を
9万円で売却。
9万円が普通預金口座に入金された。

儲けの計算式

売却価額 − 取得原価 ＝ 有価証券売却益

［仕訳例の場合］9万円 − 7万1,000円 ＝ 1万9,000円

仕訳のルール

借方		貸方	
資産	＋	資産	－
負債	－	負債	＋
純資産	－	純資産	＋
収益	－	収益	＋
費用	＋	費用	－

普通預金
（資産グループ）が
9万円増えた

有価証券
（資産グループ）が
7万1,000円減った

有価証券売却益
（収益グループ）が
1万9,000円発生した

借方		貸方	
普通預金	90,000	有価証券	71,000
		有価証券売却益	19,000

\ちゅうもく!/

損したときは、「有価証券売却損」

売却価額が取得原価を下回ったときは費用科目の「有価証券売却損」で仕訳。たとえば、1万円で買った有価証券を7,000円で売却したら右の仕訳になる。

普通預金	7,000	有価証券	10,000
有価証券売却損	3,000		

商品売買

金融機関

経費

固定資産

個人事業主

113

新しく会社を立ち上げるなら……

株主の出資金を仕訳する

会社を始めるときに株主が出す資金（出資金）を資本金と呼ぶ。事業活動の元手となる財産で、仕訳に用いる勘定科目は純資産グループの「資本金」だ。とはいえ、資本金を仕訳する取引は、めったにない。会社の設立時だって、資産、負債、純資産の残高だけを記録して、資本金の仕訳をしない場合もあるんだ。

純資産グループの仕訳は
レアケースだけど
知っておこう

純資産の主なもの

純資産グループの科目は、株主による出資金と、それをもとに稼いだ利益の蓄積に大別できる。

株主から出資してもらった事業の元手

- 資本金
- 資本剰余金
  - 資本準備金
  - その他資本剰余金

会社の活動によって生まれた利益の蓄積

- 利益剰余金
  - 利益準備金
  - その他利益剰余金

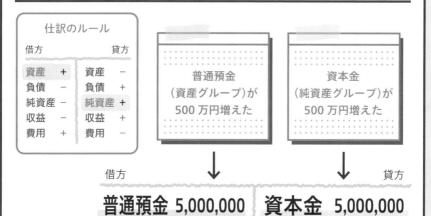

33

株式会社を設立して、
出資金 500 万円を普通預金口座に振り込んだ

仕訳のルール

借方		貸方	
資産	+	資産	−
負債	−	負債	+
純資産	−	純資産	+
収益	−	収益	+
費用	+	費用	−

普通預金
（資産グループ）が
500 万円増えた

資本金
（純資産グループ）が
500 万円増えた

借方 ↓ ↓ 貸方

借方	貸方
普通預金 5,000,000	資本金 5,000,000

Q 個人事業主の場合は
どうなるの❓

A 「元入金」という
勘定科目を使おう

個人事業主が事業の元手資金を
記録するときには、「元入金」
（→ P156）という勘定科目を
用いる。資本金と同じ、純資産
グループの科目だよ。

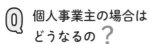

会社の場合
→ 資本金
（純資産グループ）

個人事業主の場合
→ 元入金
（純資産グループ）

あれもこれも経費！
とは、いかないかも……

経費の仕訳で大事なことは、『その勘定科目を使う取引例や品目を把握すること』

とはいえ、こんなにたくさん、しんどいよ〜

でもね、経費の仕訳は、借方・貸方に迷う心配は少ないよ

仕訳のルール

（ 借方 ）　　　　　　　　　　　　　（ 貸方 ）

《 どんな費用か 》　　　　　　《 支払い方法 》

旅費交通費　　消耗品費

費用の発生

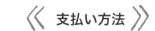

現金

資産の減少　や　**負債の増加**

なるほど〜

わかりやすい！

では見ていこう

☑
きゅう よ て あて
給与手当

相手科目：普通預金、
預り金

経費の仕訳

従業員に給与を
支払った

（従）業員に給与を支払った

　会社が従業員に給料や手当を支払ったときには、費用グループの「給与手当」という勘定科目で仕訳します。**通勤手当や時間外手当、家族手当、住宅手当、役職手当など諸手当もこの勘定科目で記録します。**立場や働き方によって、下のように別の勘定科目を使うこともあります。

支払い相手によって科目が変わる

従業員
↓
給与手当

正社員への給与。工場労働者など製造にかかわる従業員への給与は製造原価に含めるため、「賃金」科目が使われることも。

社長
↓
役員報酬

会社の取締役や監査役などの役員に対して規則的に支給される報酬・給与は「役員報酬」として仕訳する。

外部スタッフ
↓
外注費

派遣社員への報酬や、業務の一部をアウトソーシングした費用は、「外注費」などの科目で仕訳する。

　パートやアルバイトといった臨時雇用者への
支払いを「雑給」とする場合もある

経営分析をするときは、会社で働く人に関する費用をまとめて人件費と呼ぶ。給与手当、役員報酬、福利厚生費（→ P122）、法定福利費（→ P120）、賞与、退職金などの科目が含まれる。

仕訳例
34

従業員への給与30万円について、社会保険料などの預り金6万円を差し引いて普通預金口座から振り込んだ。

＊預り金の内訳は、社会保険料3万6,000円、源泉所得税7,000円、住民税17,000円とする。

仕訳のルール

借方		貸方	
資産	＋	資産	－
負債	－	負債	＋
純資産	－	純資産	＋
収益	－	収益	＋
費用	＋	費用	－

給与手当
（費用グループ）が
30万円発生した

普通預金
（資産グループ）が
24万円減った

預り金
（負債グループ）が
6万円増えた

借方		貸方	
給与手当	300,000	普通預金	240,000
		預り金（社会保険料）	36,000
		預り金（源泉所得税）	7,000
		預り金（住民税）	17,000

天引きしたお金は一時的に預かっているだけなので、負債グループの「預り金」で処理。詳しくは次ページへ！

税理士の報酬は「支払手数料」で仕訳する

外部の人に業務の一部を委託した際の報酬のなかで、専門家に支払う場合は「支払手数料」という科目を用います。弁護士、公認会計士、税理士、コンサルタントへの顧問料などです。

金融機関に支払う振込や送金の手数料も「支払手数料」で仕訳しよう

商品売買　金融機関　経費　固定資産　個人事業主

科目名

☑ 預り金／
法定福利費
（あずか きん）
（ほうていふくりひ）

相手科目：現金

経費の仕訳

天引きした税金や
社会保険料を納めた

従 業員や取引先から一時的に預かったお金

会社は、本来従業員が負担すべき税金や社会保険料などを天引きして（「源泉徴収」（げんせんちょうしゅう）といいます）、社員の代わりに税務署や市区町村に納めます。一時的に預かるため「預り金」（負債グループ）という科目で記録します。

> あくまで預かったもの。
> 「借入金」ではないよ

仕訳例 **35**

仕訳例 34 で、給与から天引きした預り金のうち、2 万 4,000 円を現金で納付した。

＊内訳は、源泉所得税 7,000 円と住民税 1 万 7,000 円とする。

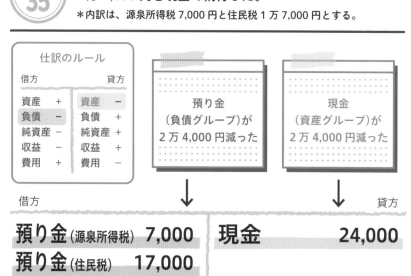

仕訳のルール	
借方	貸方
資産　＋	資産　－
負債　－	負債　＋
純資産　－	純資産　＋
収益　－	収益　＋
費用　＋	費用　－

預り金
（負債グループ）が
2 万 4,000 円減った

現金
（資産グループ）が
2 万 4,000 円減った

借方		貸方
預り金（源泉所得税）　7,000	現金	24,000
預り金（住民税）　17,000		

保険料を負担したら「法定福利費」になる

社会保険料や労働保険料など従業員の
福利厚生のために支払う法定保険料の
うち、会社が負担する金額は「法定福
利費」（費用グループ）で仕訳する。

法定福利費以外の
福利厚生の費用は
「福利厚生費」だよ
（→P122）

保険料の負担割合

- 健康保険
- 雇用保険

50% **50%**

| 会社 | 従業員 |

- 労災保険

100%

| 会社 |

仕訳例 **36**

預り金のうち社会保険料（本人負担分）3万6,000円を、
会社が負担する社会保険料3万6,000円と
合わせて現金で納付した。

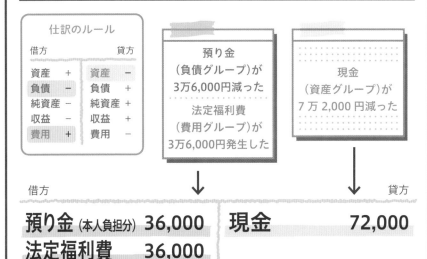

仕訳のルール

借方		貸方	
資産	＋	資産	－
負債	－	負債	＋
純資産	－	純資産	＋
収益	－	収益	＋
費用	＋	費用	－

預り金
（負債グループ）が
3万6,000円減った

法定福利費
（費用グループ）が
3万6,000円発生した

現金
（資産グループ）が
7万2,000円減った

借方

| 預り金 (本人負担分) | 36,000 |
| 法定福利費 | 36,000 |

貸方

| 現金 | 72,000 |

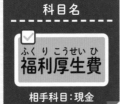

科目名

☑

ふくりこうせいひ
福利厚生費

相手科目：現金

経費の仕訳

忘年会の費用を
まとめて支払った

従業員の健康や生活をサポート

　従業員が心身ともに健康に働くことができるようにするためにかかる費用は「福利厚生費」（費用グループ）という勘定科目で仕訳します。下の通り内容はさまざまですが、**全従業員を対象とし、常識的に妥当な金額にすることが必須**。状況や金額によっては、別の勘定科目で仕訳します。

福利厚生費になる主なもの

医療・衛生

- 健康診断費用
- 予防接種費用
- 常備医薬品

食事代

- 残業食事代
- 昼食代の補助
（一定の限度額などの条件がある）

慶弔見舞金

- 祝い金（従業員）
- 香典（従業員）
- 見舞金（従業員）

消耗品

- 飲料代
- 制服費
- 石鹸や洗剤
（消耗品費→ P138 も参照）

親睦活動

- 新年／忘年会費
- 社員旅行費用
- サークル活動費

対象者や金額によっては福利厚生費にならない場合もあるよ

 福利厚生費は従業員のための費用だから、個人事業主本人や家族経営（個人事業主＋家族従業員）の場合は認められない。

Q 忘年会費はすべて福利厚生費で OK❓

A 福利厚生費とするには、「従業員全員が参加対象」かつ「常識的な宴会予算」であることが前提。一部の人だけで行う場合は福利厚生費にはならないよ。

✅ 全員参加の1次会 ➡ **福利厚生費**

✅ 特定の人のみ参加の2次会 ➡ **交際費**（→ P126）

仕訳例 37

社内全体の忘年会費30万円と、そのあと有志数名が参加した2次会の費用5万円を現金で支払った。

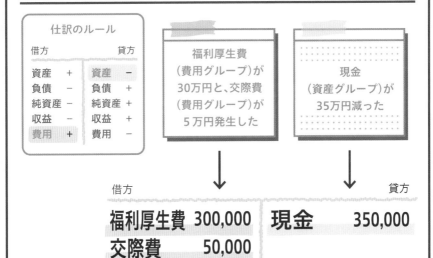

仕訳のルール	
借方	貸方
資産 ＋	資産 －
負債 －	負債 ＋
純資産 －	純資産 ＋
収益 －	収益 ＋
費用 ＋	費用 －

福利厚生費（費用グループ）が30万円と、交際費（費用グループ）が5万円発生した

現金（資産グループ）が35万円減った

借方		貸方	
福利厚生費	300,000	現金	350,000
交際費	50,000		

科目名

☑ **会議費**
（かい ぎ ひ）

相手科目：現金

経費の仕訳

打ち合わせ時の コーヒー代を支払った

参加者は、社内の人でも社外の人でも OK

　得意先との商談や同僚との簡単なミーティングにかかった支出は費用グループの「会議費」で記録します。**弁当代や茶菓子代なども会議に必要であれば OK**。ただし、右の Q&A のように金額が高すぎないよう注意が必要です。

会議資料や議事録があると安心！

仕訳例 **38**

取引先の担当者と喫茶店で打ち合わせをした際、コーヒー代 1,500 円を現金で支払った。

仕訳のルール

借方		貸方	
資産	+	資産	−
負債	−	負債	+
純資産	−	純資産	+
収益	−	収益	+
費用	+	費用	−

会議費
（費用グループ）が
1,500 円発生した

現金
（資産グループ）が
1,500 円減った

借方		貸方	
会議費	1,500	**現金**	1,500

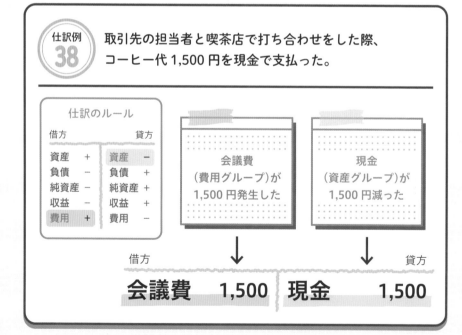

会議費になる主なもの

- 会議会場使用料
- 資料代
- プロジェクター費用
- コーヒー代
- 茶菓子代
- 弁当代

Q 交際費と似ているけど、どう使い分ければいいの？

A 「会議の実体がある」ことと、「常識的な金額」ならば会議費

会議室での弁当代も、レストランでの食事代も、そこに会議の実体があって、ランチ程度の金額なら会議費（1人1万円以下の飲食費で、参加者の氏名や人数、金額などを記した書類を保管しておくこと）。実際には接待だったり、費用が高額だったりした場合は、交際費（→ P126）などに。

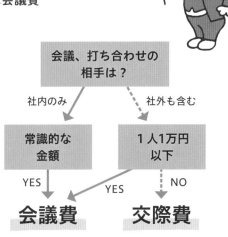

会議、打ち合わせの相手は？

社内のみ　　　社外も含む

常識的な金額　　　1人1万円以下

YES　　　YES　　　NO

会議費　　　**交際費**

科目名

☑ **交際費**
_{こうさい ひ}

相手科目：現金

経費の仕訳

得意先の創立記念にご祝儀を渡した

取引先との付き合いを深めるのが目的

得意先や仕入先との付き合いや交渉のために、飲食をともにしたり、贈答品を贈ったりすることがあるよね。こうした接待や交際のための支出は、費用グループの「交際費」や「接待交際費」で仕訳しよう。

仕訳例 39

得意先の創立30周年記念に、ご祝儀として5万円を包んで渡した。

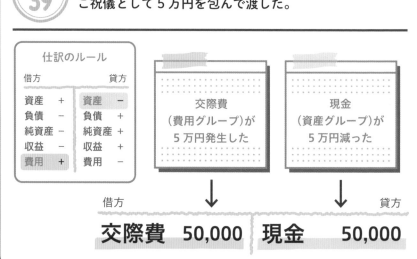

仕訳のルール

借方		貸方	
資産	＋	資産	－
負債	－	負債	＋
純資産	－	純資産	＋
収益	－	収益	＋
費用	＋	費用	－

交際費（費用グループ）が5万円発生した

現金（資産グループ）が5万円減った

借方		貸方	
交際費	50,000	現金	50,000

税務上は経費にならないことも

　交際費には、接待するための飲食代、ゴルフプレー費用、送迎費用などが含まれます。また、お中元・お歳暮の費用や、お祝い・お見舞い・お悔やみの費用なども交際費です。

　これらは会社の営業活動に必要な費用ですが、何でもかんでも交際費に計上すると利益が減って、それに応じて計算される法人税も減ってしまいます。そのため、**会社の規模に応じて、損金（法人税法上の費用）にできる交際費の金額に限度額が設けられています。**

> POINT　損金＝税法上の費用（経費）

福利厚生費との違い

たとえば結婚祝いのご祝儀は、渡す相手によって仕訳する勘定科目が異なる。相手が得意先の人なら交際費だが、自社の従業員であれば福利厚生費（→ P122）になる。

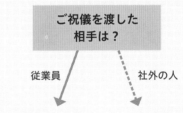

ご祝儀を渡した
相手は？

従業員　　　　　　社外の人

福利厚生費　　　　交際費

会社の行事で
初詣に行って
初穂料を納めたら
どうなるのかな？

会社から神社への初穂料などは
事業に直接関係のない譲渡。
これは「寄付金」という科目で
仕訳するのが一般的だよ

経費の仕訳

会社のホームページ制作費を支払った

売 上アップや会社のイメージアップを狙う

　不特定多数の人に、商品やサービスを宣伝したり、会社を売り込んだりするためにかかる支出には、費用グループの科目である「広告宣伝費」を用います。会社のホームページの制作、求人広告、決算公告などにかかる費用も含まれます。看板広告など金額の大きなものは、下のように資産グループの勘定科目で仕訳するので、注意しましょう。

広告宣伝費になる主なもの

- 広告掲載費用
  （ラジオ、新聞、雑誌、ウェブサイトなど）

- ポスター、チラシ、パンフレット制作費

- ダイレクトメールの郵送料

- 試供品、見本品の提供

- ノベルティの費用
  （社名入りカレンダー・ボールペン・うちわなど）

- 求人広告の費用

- 広告宣伝効果のある協賛金

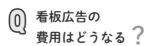

Q 看板広告の費用はどうなる？

A 広告用の看板や広告塔の費用は、10万円未満であれば広告宣伝費でOK。
ただし10万円以上の場合は、資産グループの「構築物」や「工具器具備品」（→ P146）などの固定資産として計上。そのあとは、「減価償却」（→ P148）という方法で、徐々に費用にしていくよ。

仕訳例 40

会社のホームページの作成を
デザイナーに依頼し、
制作費8万円を支払った。

費用として
処理するとき

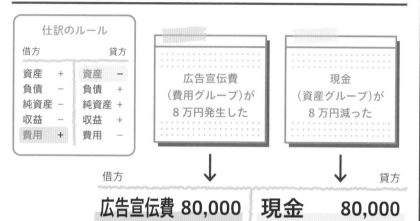

仕訳のルール

借方		貸方	
資産	＋	資産	－
負債	－	負債	＋
純資産	－	純資産	＋
収益	－	収益	＋
費用	＋	費用	－

広告宣伝費
（費用グループ）が
8万円発生した

現金
（資産グループ）が
8万円減った

借方 ↓ ↓ 貸方

広告宣伝費 80,000 　現金 　80,000

仕訳例 41

駐車場の入り口に野立て看板を
設置し、その費用30万円を
普通預金口座から振り込んだ。

資産として
処理するとき

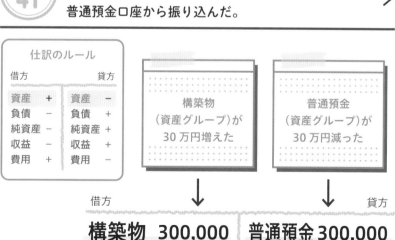

仕訳のルール

借方		貸方	
資産	＋	資産	－
負債	－	負債	＋
純資産	－	純資産	＋
収益	－	収益	＋
費用	＋	費用	－

構築物
（資産グループ）が
30万円増えた

普通預金
（資産グループ）が
30万円減った

借方 ↓ ↓ 貸方

構築物 300,000 　普通預金 300,000

商品売買 金融機関 経費 固定資産 個人事業主

経費の仕訳

取引先までのタクシー 代を現金で支払った

出張や移動のためにかかる費用

営業部員であれば、得意先や営業先への移動は日常茶飯事でしょう。そうしたときに業務上必要な電車、バス、タクシーなどの交通費や、出張にかかる旅費の仕訳には「旅費交通費」（費用グループ）という勘定科目が用いられます。

旅費交通費になる主なもの

旅費

- 出張旅費
- 海外渡航費

（航空運賃、空港使用料などの交通費、宿泊費、滞在費、日当など）

交通費

- 電車賃
- バス代
- タクシー代
- ガソリン代
- 有料道路代
- 駐車場料金

電車やバスの
定期券も交通費なの？

会社によって、「通勤費」の
科目を設定したり、
通勤手当として「給与手当」に
含めたりすることもあるよ

領収書がない交通費は、交通費精算書をもとに仕訳する。交通系 IC カードによっては、利用履歴の確認や領収書の発行、連携する会計ソフトへの自動取り込みなどが可能なものも。

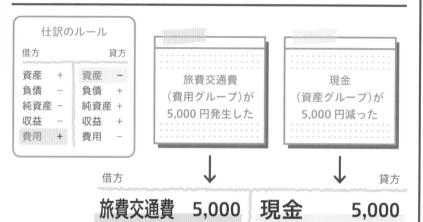

仕訳例 **42**

取引先の会社への移動に
タクシーを利用し、5,000 円支払った。

仕訳のルール

借方		貸方	
資産	＋	資産	－
負債	－	負債	＋
純資産	－	純資産	＋
収益	－	収益	＋
費用	＋	費用	－

旅費交通費
（費用グループ）が
5,000 円発生した

現金
（資産グループ）が
5,000 円減った

借方		貸方	
旅費交通費	5,000	現金	5,000

Q 出張中にかかった費用は
すべて旅費交通費になる？

A 旅費交通費になるのは、
業務上、必要だと考えら
れる費用だけ。出張中、
取引相手との打ち合わせ
を兼ねた食事代なら OK
だけど、1 人で食べた高
級レストラン代は旅費交
通費にならないよ。

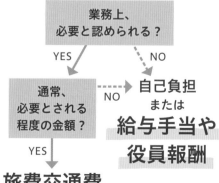

業務上、
必要と認められる？

YES ── NO

通常、
必要とされる
程度の金額？ ── NO ── 自己負担
または
**給与手当や
役員報酬**

YES

旅費交通費

経費の仕訳

出張する従業員に10万円を仮払いした

使い道や金額は、未確定だけど……

従業員が立て替えるには金額が大きすぎる経費や出張旅費などは、ざっくり見積もった額の現金をあらかじめ渡しておくことがあります。渡す時点では、金額や科目が未確定なので、一時的に「仮払金」という資産グループの勘定科目で仕訳します。

出張などが終わったら仮払金を精算し、旅費交通費などの正しい勘定科目と金額に振り分ける必要があります。

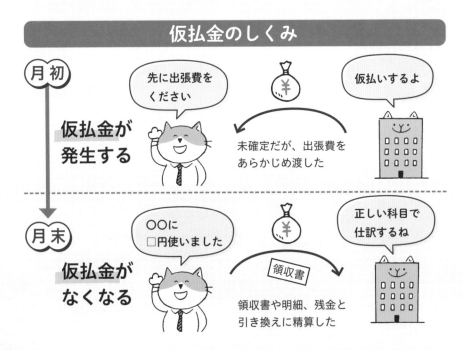

仮払金のしくみ

月初

仮払金が発生する

先に出張費をください

仮払いするよ

未確定だが、出張費をあらかじめ渡した

月末

仮払金がなくなる

○○に□円使いました

正しい科目で仕訳するね

領収書

領収書や明細、残金と引き換えに精算した

仕訳例
43

地方出張に行く従業員に対して、
あらかじめ 10 万円を渡した
（金額が未確定な旅費なので、「仮払金」で仕訳）。

仕訳のルール

借方		貸方	
資産	＋	資産	－
負債	－	負債	＋
純資産	－	純資産	＋
収益	－	収益	＋
費用	＋	費用	－

仮払金
（資産グループ）が
10 万円発生した

現金
（資産グループ）が
10 万円減った

借方	貸方
仮払金 100,000	**現金　100,000**

仕訳例
44

出張費用として渡していた仮払金
10 万円について、7 万円の領収書
と残金 3 万円の返金があり、精算した。

仕訳のルール

借方		貸方	
資産	＋	資産	－
負債	－	負債	＋
純資産	－	純資産	＋
収益	－	収益	＋
費用	＋	費用	－

旅費交通費
（費用グループ）が
7万円発生した

現金
（資産グループ）が
3 万円増えた

仮払金
（資産グループ）が
10 万円減った

借方		貸方	
旅費交通費	**70,000**	**仮払金**	**100,000**
現金	**30,000**		

立替金
たてかえきん

✓

相手科目：現金

経費の仕訳

取引先の経費を立て替えた

━ 時的に立て替えたもの

取引先が負担すべき送料を立て替えたり、従業員負担分の旅費を立て替えたりしたときは、資産グループの「立替金」で仕訳します。**一時的な金銭の肩代わりなので利息はつきません。**

仮払金（→ P132）と似ていますが、経費になる予定の仮払金に対し、立替金は戻ってくる予定のお金で金額も明確です。

回収予定のある
支出だよ

立替金のしくみ

月初		
立替金が発生する	新幹線代を立て替えますよ 取引先の負担すべき交通費を立て替えた	あとで支払います 得意先
月末		
立替金がなくなる	立替金が振り込まれて回収された	立替金を精算しますね 得意先

仕訳例 45

取引先と出張に同行する際、
取引先の負担する交通費3万円を
一時的に立て替えて支払った。

立て替えた
とき

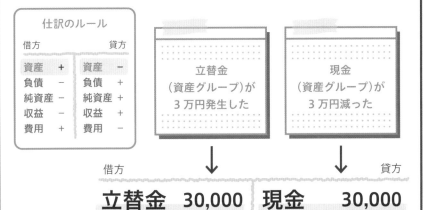

仕訳のルール

借方		貸方	
資産	+	資産	−
負債	−	負債	+
純資産	−	純資産	+
収益	−	収益	+
費用	+	費用	−

立替金
（資産グループ）が
3万円発生した

現金
（資産グループ）が
3万円減った

借方　　　　　　　　　　　　　　　　　　　　　　　貸方

立替金	30,000	現金	30,000

仕訳例 46

立替金3万円が、
取引先から普通預金口座に振り込まれた。

立替金が精算
されたとき

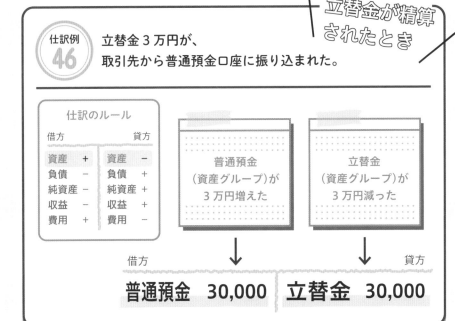

仕訳のルール

借方		貸方	
資産	+	資産	−
負債	−	負債	+
純資産	−	純資産	+
収益	−	収益	+
費用	+	費用	−

普通預金
（資産グループ）が
3万円増えた

立替金
（資産グループ）が
3万円減った

借方　　　　　　　　　　　　　　　　　　　　　　　貸方

普通預金	30,000	立替金	30,000

商品売買　金融機関　経費　固定資産　個人事業主

科目名

☑ **地代家賃**
（ち だい や ちん）

相手科目：普通預金

経費の仕訳

半年分の駐車場代 を支払った

土 地や建物などの賃料を表す

経営に必要な事務所や店舗、倉庫などの家賃や、借りている駐車場の使用料などを記録するのが費用グループの「地代家賃」科目です。

ただし家賃以外のお金、たとえば礼金は資産の「長期前払費用」、仲介手数料は費用の「支払手数料」科目を用いることが多いです。

OA機器などの
レンタル料は
「賃借料」や「リース料」
の科目が用いられるよ

地代家賃になる主なもの

- 店舗家賃
- オフィス家賃
- 倉庫賃借料
- 借地料
- 駐車場賃借料
- 月極駐車場料金
- トランクルーム料金
- 地代

Q 個人事業主の家賃は
経費にできる？

A 自宅の一角を事務所や店舗としている個人事業主は、家賃などの一部を地代家賃として計上することが可能。事業に使用している割合を床面積や使用割合に応じて計算し、その分だけ経費にできるよ。

自宅で仕事をする個人事業主が、家賃や水道光熱費などの経費を、事業に必要な支出と個人的な支出とに分割することを「按分（あんぶん）」や「家事按分」という。

仕訳例 **47**

駐車場を借りることになり、半年分の賃借料18万円をまとめて普通預金口座から振り込んだ。

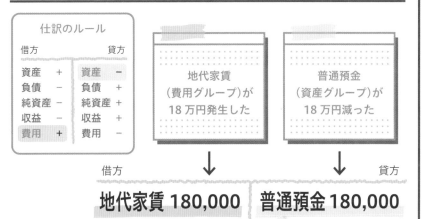

仕訳のルール

借方		貸方	
資産	+	資産	−
負債	−	負債	+
純資産	−	純資産	+
収益	−	収益	+
費用	+	費用	−

地代家賃（費用グループ）が18万円発生した

普通預金（資産グループ）が18万円減った

借方　　　　　　　　　　　　　貸方

地代家賃 180,000　普通預金 180,000

\ちゅうもく!/

まとめ払いでは、決算時に振り替える必要も

数ヵ月分や1年分をまとめて支払うと、次期以降の期間に対応する費用が含まれていることもある。その場合、原則的には決算のときに「費用の繰り延べ」という仕訳が必要（→ P178）。

次期の分が含まれたら不正確だよね

会計期間に対応させればOK！

商品売買　金融機関　経費　固定資産　個人事業主

経費の仕訳

コピー用紙と
トナーを購入した

事 務用品や 10 万円未満の備品代は……

ペンなどの事務用品、来客用の食器やトレーなど少額の備品を購入した
費用は、「消耗品費」の科目で仕訳します。ただし、「取得価額が 10 万円
以上（中小企業等は 30 万円以上）」かつ「耐用年数（税法等で設定され
た使用に耐えられる年数）が 1 年以上」の場合は、「工具器具備品」など
の資産グループの科目で仕訳しましょう。

消耗品費になる主なもの

事務用消耗品
- 文房具
- 伝票
- 用紙
- 電子記録媒体（CD など）
- インク、トナー、コピー代

消耗工具器具備品
- 事務机
- イス
- キャビネット
- 携帯電話
- 空気清浄機

日用品
- トイレットペーパー
- お茶、コーヒー
- 石鹸
- 乾電池
- 蛍光灯

消耗品費とは別に
「事務用品費」の
科目を設ける場合もあるよ

 中小企業者等の場合、備品の取得価額が 30 万円未満であれば費用として処理できる。

仕訳例 48

コピー用紙とトナーカートリッジを購入して、代金 6,000 円を現金で支払った。

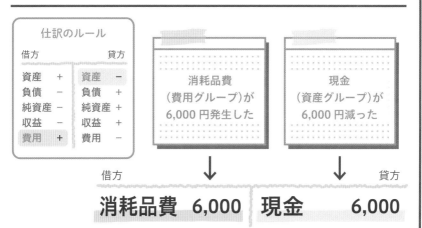

仕訳のルール

借方		貸方	
資産	＋	資産	－
負債	－	負債	＋
純資産	－	純資産	＋
収益	－	収益	＋
費用	＋	費用	－

消耗品費
（費用グループ）が
6,000 円発生した

現金
（資産グループ）が
6,000 円減った

借方　　　↓　　　　　　↓　　　貸方

消耗品費	6,000	現金	6,000

Q イスとテーブルがそれぞれ 8 万円の応接セットは❓

A 消耗品費として費用に計上する場合と、工具器具備品などとして資産に計上する場合の違いは右の通り。
イスとテーブルが 1 組で取引される応接セットを 16 万円で購入した場合、資産グループの工具器具備品として処理するよ。

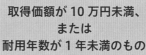

取得価額が 10 万円未満、または耐用年数が 1 年未満のもの

YES　　　　　　NO

 消耗品費 **工具器具備品**

セットで機能するものは、合計額で判定するよ

☑

<ruby>未払金<rt>み ばらいきん</rt></ruby>

相手科目：消耗品費

経費の仕訳

社名入りの封筒を あと払いで購入した

あ と払いで商品以外のものを購入

商品や製品をあと払いで仕入れたときは買掛金（→ P84）で仕訳しますが、事務用品や備品などをあと払いで購入した場合は「未払金」（負債グループ）という勘定科目を用います。また、社用車の売却など、**本業以外の取引で生まれた対価で未入金のもの**は「未収金」（資産グループ）で仕訳します。

紛らわしい科目もスッキリ

あと払いにまつわる4つの科目

購入対象	あと払いで 売る	あと払いで 買う
商品や製品 営業活動に直接かかわるもの	資産グループ **売掛金** （→ P88）	負債グループ **買掛金** （→ P84）
商品や製品以外 営業活動に直接かかわらないもの	資産グループ **未収金**	負債グループ **未払金**

仕訳例 **49**

社名入り封筒を印刷してもらい、代金4万円をクレジットカードで支払った（引き落とし日が翌月のため、未払金で処理）。

翌月払いで購入したとき

仕訳のルール

借方		貸方	
資産	＋	資産	－
負債	－	負債	＋
純資産	－	純資産	＋
収益	－	収益	＋
費用	＋	費用	－

消耗品費（費用グループ）が4万円発生した

未払金（負債グループ）が4万円増えた

借方 ↓ ↓ 貸方

消耗品費 40,000　未払金 40,000

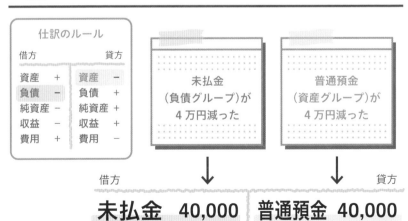

仕訳例 **50**

先月クレジットカードで購入した社名入り封筒の代金4万円が、普通預金口座から引き落とされた。

翌月、代金を支払ったとき

仕訳のルール

借方		貸方	
資産	＋	資産	－
負債	－	負債	＋
純資産	－	純資産	＋
収益	－	収益	＋
費用	＋	費用	－

未払金（負債グループ）が4万円減った

普通預金（資産グループ）が4万円減った

借方 ↓ ↓ 貸方

未払金 40,000　普通預金 40,000

経費の仕訳

収入印紙を購入した（印紙税を支払った）

"租税"と"公課"を合わせた科目

事業を営むための必要経費として認められる税金や、公的な負担金の仕訳には、費用グループの「租税公課」という勘定科目を用います。

下に挙げたようなものが租税公課として処理されますが、罰金など一部のものは法人税法上の経費（損金）とは認められません。また、会社の利益から支払う法人税などは租税公課では処理せず、損金にも算入しません。

租税公課になる主なもの

租税

国や地方公共団体に納める税金の総称。

- 印紙税（収入印紙代）
- 固定資産税
- 自動車税
- 不動産取得税
- 利子税
- 延滞税

公課

公共団体に納める会費や罰金など。

- 商工会などの会費
- 印鑑証明書や住民票の発行手数料
- 行政サービスの手数料
- 交通反則金などの罰金

パスポートの交付や
ビザ取得にかかる
費用も租税公課の1つ

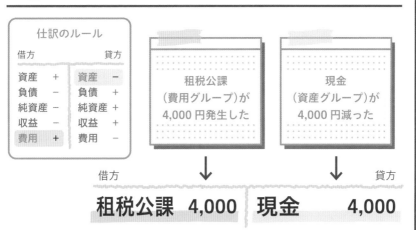

仕訳例 51

契約書の作成にあたり、
収入印紙 4,000 円を現金で購入した。

仕訳のルール

借方		貸方	
資産	＋	資産	－
負債	－	負債	＋
純資産	－	純資産	＋
収益	－	収益	＋
費用	＋	費用	－

租税公課
（費用グループ）が
4,000 円発生した

現金
（資産グループ）が
4,000 円減った

借方 ↓ ↓ 貸方

租税公課	4,000	現金	4,000

Q 法人税や住民税は
何の科目で仕訳するの？

A 法人税、法人住民税（都道府県民税、市町村民税）、事業税（所得割）の3つの税は、決算における計算で納税額が決まる。そのため、租税公課ではなく、「法人税等」や「法人税、住民税及び事業税」という費用グループの勘定科目で仕訳する。

● 法人税
● 法人住民税
● 事業税
↓
勘定科目は
法人税等
を用いる

帳簿残高と手元の現金が合わない

現金が帳簿より
1,000円少ない

何に使ったん
だろう……？

まさか
泥棒⁉

こんなときは
「現金過不足」と
いう科目で仕訳しよう

手元の現金が足りないとき		**手元の現金が多すぎるとき**	
現金過不足を 借方に記入	現金の不足分を 貸方に記入	現金の増加分を 借方に記入	現金過不足を 貸方に記入
借方	貸方	借方	貸方
現金過不足	現金	現金	現金過不足

現金過不足は、原因が判明するまで（もしくは決算
時まで）一時的に使われる勘定科目。

仕訳例 52

現金の帳簿残高は
8万 5,000 円だが、
実際の現金残高は 8 万 4,000 円しかなかった。

現金が
足りないとき

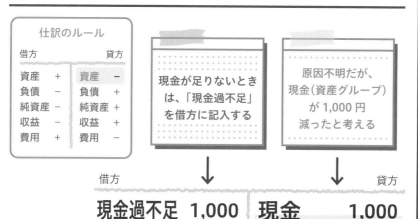

仕訳のルール	
借方	貸方
資産　＋	資産　－
負債　－	負債　＋
純資産　－	純資産　＋
収益　－	収益　＋
費用　＋	費用　－

現金が足りないとき
は、「現金過不足」
を借方に記入する

原因不明だが、
現金（資産グループ）
が 1,000 円
減ったと考える

借方 → 現金過不足　1,000 ｜ 現金　1,000 ← 貸方

仕訳例 53

現金過不足で仕訳していた 1,000 円
について、タクシー乗車時の領収書が
発見されて交通費の記入モレだったことが判明した。

現金過不足の理由
がわかったとき

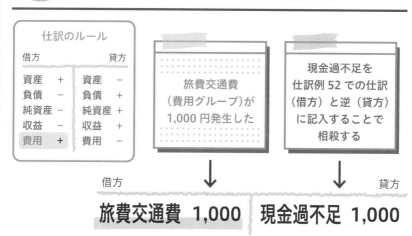

仕訳のルール	
借方	貸方
資産　＋	資産　－
負債　－	負債　＋
純資産　－	純資産　＋
収益　－	収益　＋
費用　＋	費用　－

旅費交通費
（費用グループ）が
1,000 円発生した

現金過不足を
仕訳例 52 での仕訳
（借方）と逆（貸方）
に記入することで
相殺する

借方 → 旅費交通費　1,000 ｜ 現金過不足　1,000 ← 貸方

固定資産の仕訳

業務用のパソコンを翌月払いで購入した

長期にわたって利用する資産

　建物や工場のように、事業のために長く所有・使用する資産を「固定資産」と呼びます。固定資産を購入したときは、資産グループの「建物」「土地」「工具器具備品」などの勘定科目で下のように仕訳します。

固定資産は、形のある有形固定資産と、「特許権」のように目に見えない無形固定資産の2つに大きく分けられます。

未払金の
仕訳は
P140で
解説したよ

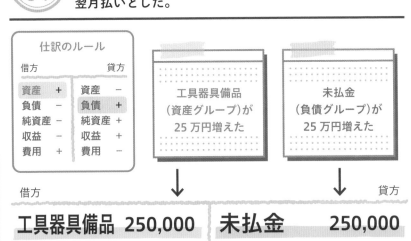

仕訳例 **54**

動画編集用のパソコンを購入し、運送費を含めた25万円の代金は翌月払いとした。

仕訳のルール

借方		貸方	
資産	＋	資産	－
負債	－	負債	＋
純資産	－	純資産	＋
収益	－	収益	＋
費用	＋	費用	－

工具器具備品
（資産グループ）が
25万円増えた

未払金
（負債グループ）が
25万円増えた

借方

貸方

工具器具備品 250,000　**未払金 250,000**

固定資産の勘定科目

有形固定資産

建物

事業のために所有・使用している建物。

- 事務所
- 店舗
- 車庫
- 工場
- 倉庫

車両運搬具

人やモノを運ぶ事業用の車など。

- 自動車
- トラック
- バス
- 自転車
- フォークリフト

構築物

事業のために使う建物以外の設備。

- 広告塔、広告用看板
- 焼却炉
- 煙突
- 庭園

工具器具備品

1年以上使うもので10万円以上の道具。10万円未満のものは、消耗品費などの費用として計上できる※。

- 応接セット
- テレビ
- 室内装飾品
- 冷蔵庫
- コピー機
- 冷暖房機器

多くの固定資産は時間の経過とともに帳簿価額が下がるよ詳しくはP148へ

※中小企業等の場合、備品の取得価額が30万円未満であれば費用として処理できる。

無形固定資産

借地権

土地を借りて、建物の敷地や駐車場などに利用できる権利。

ソフトウェア

コンピュータソフトウェアの購入費や開発金額を表す科目。

特許権

新しい製品や製法を一定期間、独占的に利用できる権利。

固定資産の仕訳

古くなった営業用の車を売却した

固 定資産の価値は少しずつ下がる

　営業用の車を購入したら、数年間は売上に貢献するはずです。それなのに車を取得した年に全額を費用計上すると、売上と費用が対応しなくなってしまいます。そこで、高価で長く使用する固定資産は、数年かけて少しずつ費用にするという決まりがあります。下のように「減価償却費」という費用科目を用いて、資産を少しずつ費用化していきます。

"減価償却"で費用にしていく

毎年の決算で減価償却費（→ P174）という費用科目を計上し、帳簿上の資産価値（帳簿価額）を下げる。固定資産を売るときは、売却価額と帳簿価額との差額が儲けや損になる。

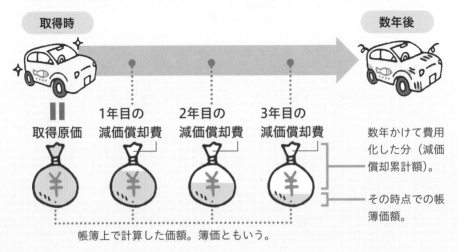

取得時

数年後

取得原価

1年目の
減価償却費

2年目の
減価償却費

3年目の
減価償却費

数年かけて費用化した分（減価償却累計額）。

その時点での帳簿価額。

帳簿上で計算した価額。簿価ともいう。

帳簿価額より高く売れると儲けが生まれる

不要になった車を売却するときは、帳簿上の資産価値である帳簿価額よりも高く売れれば、その分が儲けになる。帳簿価額が50万円、売却価額が60万円なら、10万円の儲け！儲けは収益グループの「固定資産売却益」で仕訳しよう。

 例

帳簿価額
50万円

売却価額
60万円

10万円の儲け
＝
「固定資産売却益」
が発生

仕訳例 **55**

帳簿価額よりも高く売ったとき

古くなった営業用の軽自動車（帳簿価額50万円）を売却し、代金60万円が普通預金に入金された。差額の10万円が儲けとなる。

仕訳のルール

借方		貸方	
資産	＋	資産	－
負債	－	負債	＋
純資産	－	純資産	＋
収益	－	収益	＋
費用	＋	費用	－

普通預金
（資産グループ）が
60万円増えた

車両運搬具
（資産グループ）が
50万円減った

固定資産売却益
（収益グループ）が
10万円発生した

借方

普通預金	600,000

貸方

車両運搬具	500,000
固定資産売却益	100,000

帳簿価額より安く売ると損したことに……

固定資産を帳簿価額よりも安く売却してしまうと、その差額分だけ損したことになる。帳簿価額が 50 万円、売却価額が 45 万円なら、5 万円の損。損した分の仕訳は、費用グループの「固定資産売却損」という科目を使おう。

帳簿価額
50 万円

売却価額
45 万円

5 万円の損
＝
「固定資産売却損」
が発生

帳簿価額よりも
安く売ったとき

仕訳例 56

古くなった営業用の軽自動車
（帳簿価額 50 万円）を売却し、代金 45 万円が
普通預金に入金された。差額の 5 万円が損となる。

仕訳のルール

借方		貸方	
資産	＋	資産	－
負債	－	負債	＋
純資産	－	純資産	＋
収益	－	収益	＋
費用	＋	費用	－

普通預金
（資産グループ）が
45 万円増えた

固定資産売却損
（費用グループ）が
5 万円発生した

車両運搬具
（資産グループ）が
50 万円減った

借方

貸方

普通預金	450,000	車両運搬具	500,000
固定資産売却損	50,000		

個人と会社では
勘定科目が違う？

科目名

☑ 事業主貸 (じぎょうぬしかし)

相手科目：普通預金

個人事業主の仕訳

普通預金口座から生活費を引き出した

事業用資金をプライベートで使うケース

個人事業主は、事業のお金も本人のもの。とはいえ、**事業のお金から生活費などの個人的な支払いをしたときは、事業と区別する仕訳が必要です**。下のような支出は、「事業主貸」という資産科目で処理しましょう。

事業とプライベートはきっちり分けよう

事業主貸になる主なもの

事業（のお金） ⟶ 個人事業主

事業用として使用している
預金口座のお金など。

個人事業を営んでいる
本人。

 貸す

- 生活費の支払い
- 個人所得税の支払い
- 個人住民税の支払い
- 国民健康保険料の支払い
- 国民年金保険料の支払い
- 家事消費分の地代家賃

家事消費とは
事業用のものを
プライベートで
消費することなんだ

仕訳例 **57**

事業用の普通預金口座から、
個人の生活費として20万円を引き出した。

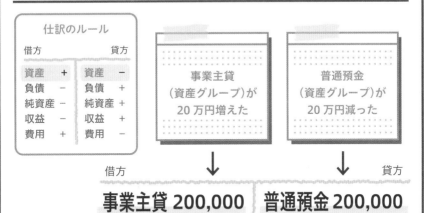

仕訳のルール

借方		貸方	
資産	＋	資産	－
負債	－	負債	＋
純資産	－	純資産	＋
収益	－	収益	＋
費用	＋	費用	－

事業主貸
（資産グループ）が
20万円増えた

普通預金
（資産グループ）が
20万円減った

借方 ↓ ↓ 貸方

事業主貸 200,000 | **普通預金 200,000**

仕訳例 **58**

事業用の普通預金口座から、
事業主の健康保険料5万円が引き落とされた。

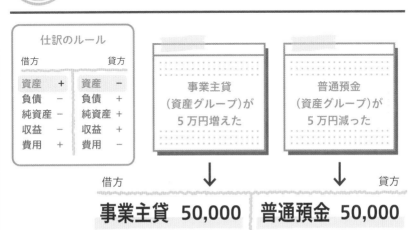

仕訳のルール

借方		貸方	
資産	＋	資産	－
負債	－	負債	＋
純資産	－	純資産	＋
収益	－	収益	＋
費用	＋	費用	－

事業主貸
（資産グループ）が
5万円増えた

普通預金
（資産グループ）が
5万円減った

借方 ↓ ↓ 貸方

事業主貸 50,000 | **普通預金 50,000**

☑ **事業主借**
<ruby>じ ぎょうぬしかり</ruby>

相手科目：消耗品費、
普通預金

個人事業主の仕訳

事業用の携帯電話を
個人用カードで購入した

個人としての自分からの借り入れ

事業主貸（→ P152）とは反対に、個人の財布や預金口座から事業に関係する支払いをしたときは「事業主借」という負債科目で仕訳をします。事業主が、個人としての自分からお金を借りたという形になるわけです。事業用の口座に事業以外の入金があったときも、事業主借で区別しましょう。

事業主貸とは
真逆だね

事業主借になる主なもの

事業（のお金）←——————個人事業主

事業用として使用している
預金口座のお金など。

事業者のプライベートの
預金口座や財布のお金。

  借りる

利息や配当金などは
本業の事業所得ではない。
本業以外から得たものは
「事業主借」を使おう

- 家計から事業用
  資金への補充
- 個人クレジット
  カードでの支払い
- 事業用預金口座
  の受取利息
- 受取配当金
- 有価証券売却益

仕訳例 59

事業用のスマートフォンを購入する際、
プライベートのクレジットカードを使って
9万円支払った。

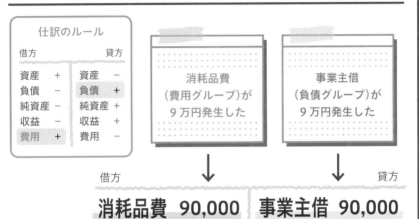

仕訳のルール

借方		貸方	
資産	＋	資産	－
負債	－	**負債**	**＋**
純資産	－	純資産	＋
収益	－	収益	＋
費用	**＋**	費用	－

消耗品費
（費用グループ）が
9万円発生した

事業主借
（負債グループ）が
9万円発生した

借方 ↓ ↓ 貸方

消耗品費 90,000 | **事業主借 90,000**

仕訳例 60

事業資金が不足しているため、
事業用の普通預金口座に資金50万円を入金した。

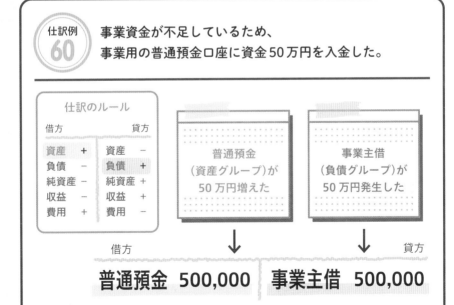

仕訳のルール

借方		貸方	
資産	**＋**	資産	－
負債	－	**負債**	**＋**
純資産	－	純資産	＋
収益	－	収益	＋
費用	＋	費用	－

普通預金
（資産グループ）が
50万円増えた

事業主借
（負債グループ）が
50万円発生した

借方 ↓ ↓ 貸方

普通預金 500,000 | **事業主借 500,000**

個人事業主の仕訳

事業開始にあたり
預金口座に入金した

個人事業を始めるときの元手資金が「元入金」

個人事業主が事業を始めるときに出資したお金は、純資産グループの「元入金」という科目で仕訳しよう。会社の資本金（→ P114）のようなものだけど、元入金には、毎年の利益（損）や、事業主貸・事業主借が加減算されるから、金額が毎年変わるよ。

仕訳例
61

個人事業を始めるにあたって
事業用の普通預金口座を開設し、
元手として 100 万円を入金した。

事業を
始めるとき

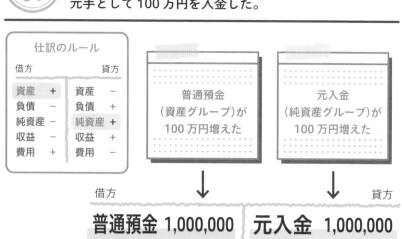

仕訳のルール		
借方		貸方
資産 ＋	資産 －	
負債 －	負債 ＋	
純資産 －	純資産 ＋	
収益 －	収益 ＋	
費用 ＋	費用 －	

普通預金
（資産グループ）が
100 万円増えた

元入金
（純資産グループ）が
100 万円増えた

借方

貸方

普通預金 1,000,000　元入金 1,000,000

元入金と資本金の3つの違い

	元入金	資本金
開業・設立時	● 元入金0円でもOK	● 1円以上の資本金が必要
決算のとき	● 損益は翌年の元入金に算入。 元入金額は**損益によって変動**	● 損益は翌年の資本金に算入しない。 資本金額は**損益によって変動しない**
赤字のとき	● **マイナスになる可能性**がある	● 1円以上。マイナスにはならない

2年目以降の元入金は、次の計算式で求めることができる

翌期首の元入金 ＝ 前期末の **元入金** ＋ **当期の損益** ＋ **事業主借** － **事業主貸**
（青色申告特別
控除前所得）

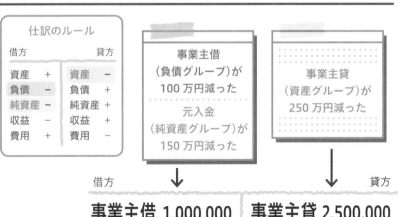

事業主借・事業主貸
と相殺するとき

仕訳例 62
年末に年間の事業主借
100万円と事業主貸250万円のうち100万円
を相殺し、差額の150万円を元入金に振り替えた。

仕訳のルール

借方		貸方	
資産	＋	資産	－
負債	－	負債	＋
純資産	－	純資産	＋
収益	－	収益	＋
費用	＋	費用	－

事業主借
（負債グループ）が
100万円減った

元入金
（純資産グループ）が
150万円減った

事業主貸
（資産グループ）が
250万円減った

借方		貸方	
事業主借	1,000,000	事業主貸	2,500,000
元入金	1,500,000		

※事業主借が事業主貸より多い場合は、元入金が増えるから貸方に仕訳する。

商品売買　金融機関　経費　固定資産　個人事業主

157

仕訳を間違えてしまった……

こんな科目
あったかな?

あれ? 合計額が
おかしい……

「車両費」「車両運般具」？？

しまった！

ガーン

こんなときは

訂正仕訳で、正しい記録に直そう

まず、間違えた
仕訳を逆仕訳
してから、
正しい仕訳を行う
方法でもOK

| 金額を間違えた | → | 残高を合わせる訂正仕訳 |

本来より少ない金額だった場合は、差額を追加で仕訳すればOK。本来より多い金額だった場合は差額を逆仕訳すれば、正しい金額になる。

| 科目を間違えた | → | 間違えた科目を正しい科目に振り替える訂正仕訳 |

借方、貸方、どちらか一方の科目を間違えた場合、間違えた科目を減らして、正しい科目を増やす仕訳をすれば、訂正仕訳が完了。

仕訳例 **63**

商品8万円を仕入れ、支払いは翌月払いの掛けとしたが、8と3を見間違えて、以下のように仕訳してしまった。

金額を間違えたとき

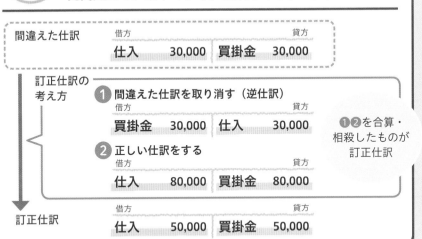

間違えた仕訳

借方		貸方	
仕入	30,000	買掛金	30,000

訂正仕訳の考え方

❶ 間違えた仕訳を取り消す（逆仕訳）

借方		貸方	
買掛金	30,000	仕入	30,000

❷ 正しい仕訳をする

借方		貸方	
仕入	80,000	買掛金	80,000

❶❷を合算・相殺したものが訂正仕訳

訂正仕訳

借方		貸方	
仕入	50,000	買掛金	50,000

仕訳例 **64**

営業用の乗用車180万円を購入し、代金は翌月支払いとした。資産グループの車両運搬具で仕訳するべきところを、間違って費用グループの車両費で仕訳してしまった。

勘定科目を間違えたとき

間違えた仕訳

借方		貸方	
車両費	1,800,000	未払金	1,800,000

訂正仕訳の考え方

❶ 間違えた仕訳を取り消す（逆仕訳）

借方		貸方	
未払金	1,800,000	車両費	1,800,000

❷ 正しい仕訳をする

借方		貸方	
車両運搬具	1,800,000	未払金	1,800,000

❶❷を合算・相殺したものが訂正仕訳

訂正仕訳

借方		貸方	
車両運搬具	1,800,000	車両費	1,800,000

Column 4

どこまで経費として計上できる？

　売上に対して経費が多くなるほど利益が少なくなり、そのぶん納めるべき税金も減ります。そのために経費をしっかりと計上したいところですが、収入と経費のバランスによっては税務署から「プライベートの支出が混じっているのでは？」と疑われることも。

　社内ルールのある法人とは異なり、個人事業主は自分で経費かどうかを判断する必要があります。経費と判断できるポイントを紹介しますので、参考にしてください。

すべて当てはまれば経費で OK !

 自社（個人事業主は自分自身）がお金を出した

 会社の売上に貢献する支出や、
事業を行うために必要な支出だ

 領収書やレシートなどの証憑がある
香典のように領収書の出ない支出があった場合は、
会葬礼状などの証拠となるものを保管しておこう。

 個人事業主本人やその家族のための福利厚生費ではない
個人事業主の場合、健康診断、スポーツジム、慰安旅行などの費用は
経費にならない。

5

決算の簿記を
攻略しよう

1年の締めくくりに決算手続きを行います。
それまでの仕訳を集計し、
修正や確認作業を行って
決算書を完成させましょう。

決算手続きで
１年を締めくくる

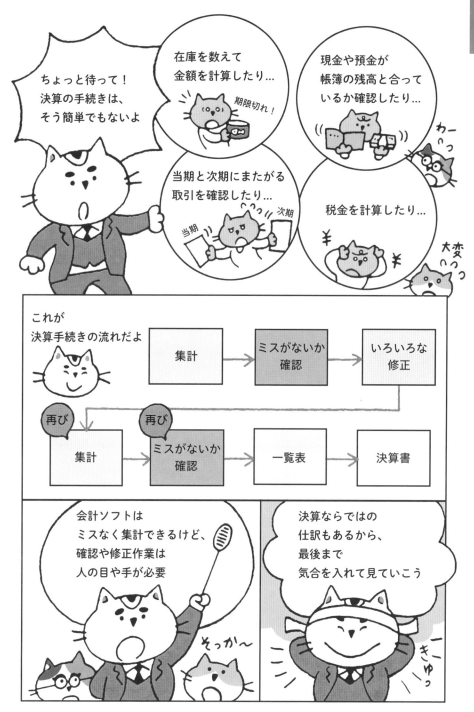

これまでの記録を整理・確認・修正する

「試算表」を作り、仕訳に間違いがないか確認
▶P166 〜 167

利益のチェックもできるんだって

「決算整理」はいろいろあるね

会計期間に即した利益や決算日時点での財産を正確に反映するために、集計やチェックを繰り返して、「決算整理」と呼ばれる修正処理をするよ

決算に向けて必要な修正をする

現金の確認
▶P168 〜 169

在庫の確認
▶P170 〜 171

残っている消耗品の確認
▶P172 〜 173

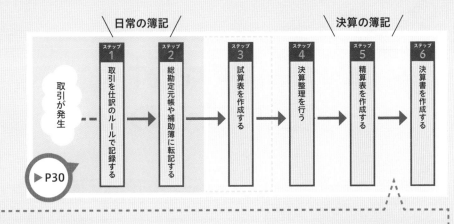

\日常の簿記/ \決算の簿記/

| 取引が発生 ▶P30 | ステップ1 取引を仕訳のルールで記録する | ステップ2 総勘定元帳や補助簿に転記する | ステップ3 試算表を作成する | ステップ4 決算整理を行う | ステップ5 精算表を作成する | ステップ6 決算書を作成する |

「精算表」で決算作業を まとめてチェック
▶P184〜193

ゴールまで あとひと息！

減価償却費の計上
▶P174〜176

会計期間をまたぐ お金の振り分け
▶P177〜181

貸倒引当金の計上
▶P182〜183

損益計算書と 貸借対照表が完成！
▶P194〜197

どんなふうに 締めくくるのかな？

試算表

会計期間の合計を
一覧表にまとめる

いよいよ決算の簿記。最初は「試算表」の作成ですね。試算表とはどんなものですか？

会計ソフトなら自動作成される！

A 仕訳を勘定科目ごとに整理した「総勘定元帳」をもとに、各科目の合計や残高を一覧表にしたものだよ

科目ごとに
取引の金額を記録

総勘定元帳 ▶P72

現　金

日付		摘要	仕丁	借方	日付		摘要	仕丁	貸方
9	4	売上		80,000	9	3	仕入		50,000

（省　略）

借方合計　2,100,000　　　貸方合計　1,650,000

差額　450,000

[借方合計が 45 万円多い ＝ 借方残高 45 万円]

現金グループの借方合計と貸方合計、残高を試算表の現金勘定の行に転記。ほかの勘定科目についても、同じように合計と残高を書き写す。

 試算表は、合計だけを記した「合計試算表」、残高だけを記した「残高試算表」、両者を合わせた「合計残高試算表」の３つに大別できる。

1年のまとめで会社の経営状況をチェック！

合計残高試算表

各勘定科目の借方合計と貸方合計の差額を残高があるほうに記す。

合計欄には各科目の借方合計と貸方合計を記す。

〇年〇月〇日

借方残高	借方合計	勘定科目	貸方合計	貸方残高
450,000	2,100,000	現金	1,650,000	
1,500,000	2,800,000	普通預金	1,300,000	
650,000	3,000,000	売掛金	2,350,000	
400,000	400,000	繰越商品		
1,000,000	1,000,000	車両運搬具		
	1,000,000	買掛金	1,250,000	250,000
	900,000	借入金	1,600,000	700,000
		資本金	2,000,000	2,000,000
	50,000	売上	5,800,000	5,750,000
3,000,000	3,000,000	仕入		
1,000.000	1,000.000	給与手当		
200,000	200,000	旅費交通費		
300,000	300,000	地代家賃		
130,000	130,000	消耗品費		
50,000	50,000	支払保険料		
20,000	20,000	支払利息		
8,700,000	15,950,000	合計	15,950,000	8,700,000

左側の合計と右側の合計は一致

借方合計と貸方合計、借方残高の合計と貸方残高の合計は必ず同じ金額になる。一致しないときは、転記ミスやモレが考えられる。

ここに1年間の取引のすべてが集約されているんだ！

次は決算整理の仕訳を見ていこう

決算整理❶

現金の過不足を処理する

Q 実際の現金が帳簿額とズレた場合は現金過不足で仕訳をしたよね？（→ P144）

A そう、仕訳例 52 だね。原因不明のまま決算日がきてしまったら、雑収入や雑損失として処理しよう

決算に向けてズレを整える

　期中に行った仕訳のままでは、帳簿上の数字と決算時点の情報とにズレが生じたり、不正確だったりする場合があります。そのため決算整理という修正処理を行い、より正確な決算書を作成する準備を整えます。

　たとえば、原因がわからないままの「現金過不足」をそのままにして決算書を作ることはできません。決算日になっても現金が足りない場合は、足りないという実態に合うように、費用グループの「雑損失」という勘定科目に振り替えて区切りをつけるのです。

決算作業（決算手続き）のなかで、実態に合うよう帳簿を整理する作業を「決算整理」と呼び、そのときに行う会計処理（仕訳）を「決算整理仕訳」と呼ぶ。

現金が
足りないとき

仕訳例 **65**

現金過不足（現金の不足）
1,000円について、決算日になっても
理由がわからなかったので雑損失として処理する。

現金が不足した
ときの仕訳

仕訳例 **52**

借方		貸方	
現金過不足	1,000	現金	1,000

仕訳のルール

借方		貸方	
資産	＋	資産	－
負債	－	負債	＋
純資産	－	純資産	＋
収益	－	収益	＋
費用	＋	費用	－

現金過不足を
雑損失
（費用グループ）
に振り替える

現金過不足を
逆仕訳して
相殺する

借方		貸方	
雑損失	1,000	現金過不足	1,000

\ちゅうもく!/

現金が帳簿残高より多いまま決算を迎えたら？

決算日まで現金過不足の貸方が残っていた
とき（帳簿額より実際の現金が多いとき）
は、収益を得たとみなして収益グループの
「雑収入」で処理する。右のように現金過
不足を相殺して雑収入に振り替える。

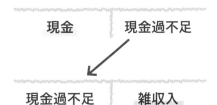

現金	現金過不足
現金過不足	雑収入

現金過不足は
期中にしか使えないんだ

在庫を調べて
売上原価を計算する

Q 「決算だから『棚卸し』で在庫の種類や数量を数えるぞ」といわれたけど、何のこと？

A 決算書には実際に売れた分の費用だけを「売上原価」として記載する。だから、在庫を数えて仕入から除く仕訳をするよ

売上原価を計算するしくみ

売上原価として計上するのは、当期に売れた分の仕入金額だけ。前期から繰り越した商品（資産グループ）を仕入（費用グループ）に振り替えたり、当期仕入の売れ残り分を次期へ繰り越す商品に振り替えたりする決算仕訳が必要。

前期の 繰越商品
（前期の在庫）

当期に 仕入れた分
（仕入）

決算仕訳 A
前期の 繰越商品
→ 仕入 に

売れ残り
在庫（在庫）

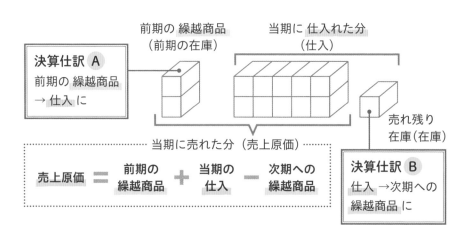

当期に売れた分（売上原価）

売上原価 ＝ 前期の繰越商品 ＋ 当期の仕入 － 次期への繰越商品

決算仕訳 B
仕入 →次期への
繰越商品 に

仕訳例 66

［決算仕訳 A ］
前期の繰越商品 5 万円を当期の仕入に振り替える。

仕訳のルール

借方		貸方	
資産	＋	資産	－
負債	－	負債	＋
純資産	－	純資産	＋
収益	－	収益	＋
費用	＋	費用	－

仕入
（費用グループ）が
5 万円発生した

繰越商品
（資産グループ）が
5 万円減った

借方　↓　↓　貸方

仕入　　50,000　　繰越商品　50,000

仕訳例 67

［決算仕訳 B ］
棚卸しの結果、売れ残り在庫 3 万円を
次期への繰越商品に振り替える。

仕訳のルール

借方		貸方	
資産	＋	資産	－
負債	－	負債	＋
純資産	－	純資産	＋
収益	－	収益	＋
費用	＋	費用	－

繰越商品
（資産グループ）が
3 万円増えた

仕入
（費用グループ）が
3 万円取り消された

借方　↓　↓　貸方

繰越商品　30,000　　仕入　　30,000

[売上原価の計算] 前期の繰越商品が 5 万円、当期の仕入が 60 万円、
次期への繰越商品が 3 万円だった場合。

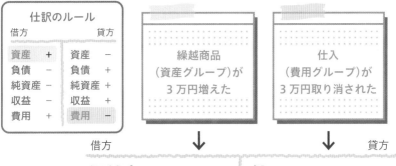

前期の繰越商品	＋	当期の仕入	－	次期への繰越商品	＝	売上原価
50,000		600,000		30,000		620,000 円

消耗品の未使用分を次期へ繰り越す

Q 棚卸しをしていたら、まとめ買いした事務用品や梱包資材の未使用分が見つかったんだけど……。

A 消耗品費などの費用として仕訳したもので、使わずに余った分は、次期への資産に振り替える仕訳をしておこう

未使用分は、費用から資産へ

期中に消耗品費として計上するのは、当期に使用した分の消耗品金額だけ。未使用分は、資産グループの勘定科目（貯蔵品など）に振り替える決算仕訳を行う。

期中に 消耗品費 として計上した分

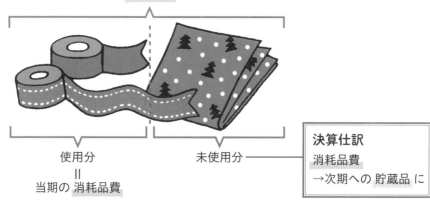

使用分
＝
当期の 消耗品費

未使用分

決算仕訳
消耗品費
→次期への 貯蔵品 に

172

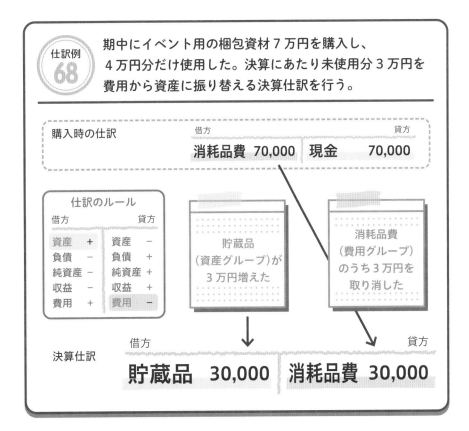

仕訳例 68

期中にイベント用の梱包資材7万円を購入し、4万円分だけ使用した。決算にあたり未使用分3万円を費用から資産に振り替える決算仕訳を行う。

購入時の仕訳

借方		貸方	
消耗品費	70,000	現金	70,000

仕訳のルール

借方		貸方	
資産	＋	資産	－
負債	－	負債	＋
純資産	－	純資産	＋
収益	－	収益	＋
費用	＋	費用	－

貯蔵品（資産グループ）が3万円増えた

消耗品費（費用グループ）のうち3万円を取り消した

決算仕訳

借方		貸方	
貯蔵品	30,000	消耗品費	30,000

決算のときに未使用品が多いときは……

　消耗品や事務用品、切手などは、購入時に費用として仕訳するのが一般的。しかし、未使用で期末に残った分も当期の費用にしてしまうと正確な利益の計算ができません。そこで原則、「貯蔵品」（資産グループ）に振り替える決算整理を行います。購入時に貯蔵品として資産に計上し、使用するたび費用に計上する方法もありますが、煩雑なため実務ではあまり使われません。

　ちなみに、重要性の低いものや、毎年同じように購入・使用するものは費用のままでよいことになっています。

定期的に購入・消費するものは費用のままでOK

173

資産を費用化する「減価償却費」を計上

Q 高価な固定資産で、時間の経過や使用によって価値が減るものを、数年かけて費用にするのが減価償却（→ P148）ですよね！

A よく覚えていたね！費用化するための科目を「減価償却費」（費用グループ）といい、価値の減少分を帳簿に反映させるんだよ

減価償却費の主な計算方法

減価償却費の算出方法はいろいろあるが、代表的なのは「定額法」。毎年一定額を計上する方法で、下のように取得価額と耐用年数（固定資産ごとに設定される利用に耐えられる年数）から計算する。

POINT 定額法の計算式

$$\text{1年間の減価償却費} = \frac{\text{取得価額}}{\text{耐用年数}}$$

主な固定資産の耐用年数
（法定耐用年数）

- 事務所用建物
  （鉄骨鉄筋）…………… 50 年
- 事務机
  （金属製）………………… 15 年
- コピー機 …………………… 5 年
- パソコン …………………… 4 年
- 軽自動車 …………………… 4 年

購入時にかかった額を取得価額と呼ぶよ

減価償却の2つの記帳法

減価償却費を帳簿に記入する方法は、「直接法」と「間接法」の2つがある。直接法は計算がシンプルでわかりやすい一方、間接法は取得価額や、購入時から決算までに減価償却した金額がひと目でわかるメリットがある。

直接法

減価償却費の金額の分だけ直接、固定資産の帳簿価額を減らす。

間接法

固定資産の帳簿価額はそのまま。資産のマイナスを表す勘定科目である「減価償却累計額」（資産グループ）を計上して、減少分を反映する。

どちらの記帳法でも
減価償却費は同じ金額だけど
表示方法が異なるんだね

例 100万円の車を購入した年に25万円の減価償却費を計上した場合

直接法の場合

貸借対照表

資産の部 [有形固定資産]	
車両運搬具	750,000

間接法の場合

貸借対照表

資産の部 [有形固定資産]	
車両運搬具	1,000,000
減価償却累計額	△ 250,000
	750,000

間接法では、いくらで
取得して、購入〜決算日までに
いくら減価償却したかが
ひと目でわかるよ！

※△マークはマイナスを示す。

仕訳の違いは
次ページへ！

仕訳例 **69**

決算にあたり、年度初めに購入した営業車を減価償却する。ここでは取得価額 100 万円、耐用年数は 4 年、定額法で減価償却するものとする※。

$$\text{1年間の減価償却費} = \frac{100\,\text{万円}}{4\,\text{年}} = 25\,\text{万円}$$

[**直接法での決算仕訳**] 車両運搬具の帳簿価額を直接減らす

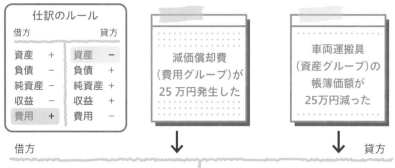

仕訳のルール	
借方	貸方
資産　＋	資産　－
負債　－	負債　＋
純資産 －	純資産 ＋
収益　－	収益　＋
費用　＋	費用　－

減価償却費（費用グループ）が25万円発生した

車両運搬具（資産グループ）の帳簿価額が25万円減った

借方　　　　　　　　　　　　　　　　　　　貸方

減価償却費　250,000	車両運搬具　250,000

[**間接法での決算仕訳**] 車両運搬具はそのまま、「減価償却累計額」を貸方に計上する

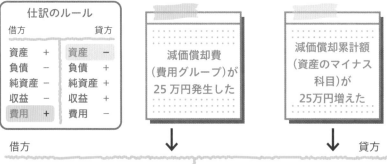

仕訳のルール	
借方	貸方
資産　＋	資産　－
負債　－	負債　＋
純資産 －	純資産 ＋
収益　－	収益　＋
費用　＋	費用　－

減価償却費（費用グループ）が25万円発生した

減価償却累計額（資産のマイナス科目）が25万円増えた

借方　　　　　　　　　　　　　　　　　　　貸方

減価償却費　250,000	減価償却累計額　250,000

※車両の法定償却方法は定率法だが、ここでは説明をシンプルにするために定額法を採用。

決算整理❺

会計期間をまたぐ
お金を振り分ける

Q 会計期間に対応した損益を
出すことが大事だといわれ
たけど、どういうこと？

A 期中の仕訳に次期分の費用
が含まれてしまうと1年
分の正確な計算ができない。
だからそのズレを調整する
決算仕訳を行うんだ

会計期間をまたぐ支払いと受け取り

実務では数ヵ月分をまとめて支払う・受け取る場合がある。決算の損益計算で
は会計期間に対応するものだけを計上するため、お金の支払いや受け取りと対
価の授受が期をまたぐ場合は、期間のズレを計算して調整を加える仕訳を行う。

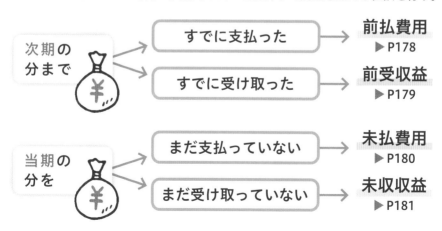

次期の分まで	すでに支払った	前払費用 ▶ P178
	すでに受け取った	前受収益 ▶ P179
当期の分を	まだ支払っていない	未払費用 ▶ P180
	まだ受け取っていない	未収収益 ▶ P181

次期の分を前払いした

「費用の繰り延べ」
というよ

保険料や家賃などを次期の分までまとめて支払った場合
は、決算のときに、次期の分を当期の費用から減らして
次期へ繰り延べる仕訳を行う。

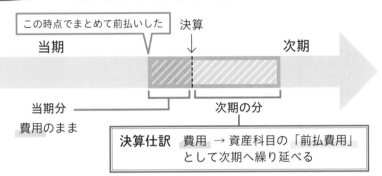

この時点でまとめて前払いした　　決算

当期　　　　　　　　　↓　　　　　次期

当期分 ————————
費用のまま　　　　　　　　　　　次期の分

決算仕訳　費用 → 資産科目の「前払費用」
　　　　　　　　として次期へ繰り延べる

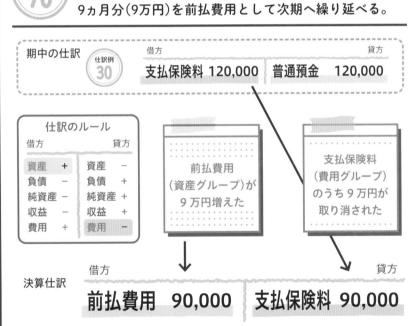

仕訳例 **70**

期中に1年分の火災保険料12万円をまとめ払いしたが、
当期分は3ヵ月分である。決算にあたり、次期に対応する
9ヵ月分（9万円）を前払費用として次期へ繰り延べる。

期中の仕訳　仕訳例 **30**

	借方		貸方
	支払保険料 120,000	普通預金	120,000

仕訳のルール

借方		貸方	
資産	+	資産	−
負債	−	負債	+
純資産	−	純資産	+
収益	−	収益	+
費用	+	費用	−

前払費用
（資産グループ）が
9万円増えた

支払保険料
（費用グループ）
のうち9万円が
取り消された

決算仕訳

借方	貸方
前払費用　90,000	支払保険料　90,000

次期の分をすでに受け取った

家賃や駐車場代、手数料などを次期の分までまとめて受け取った場合は、決算のときに、次期の分を当期の収益から減らして次期へ繰り延べる仕訳を行う。

「収益の繰り延べ」というよ

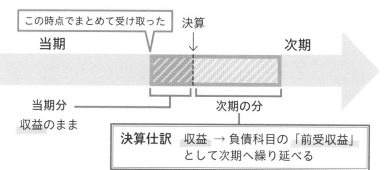

この時点でまとめて受け取った

決算

当期 　　　　　　　　　　　　　　　　　　　　次期

当期分
収益のまま

次期の分

決算仕訳 収益 → 負債科目の「前受収益」
として次期へ繰り延べる

仕訳例 **71**

期中に3ヵ月分の駐車場代15万円が普通預金に入金されたが、当期分は2ヵ月分である。決算にあたり、次期に対応する1ヵ月分（5万円）を前受収益として次期へ繰り延べる。

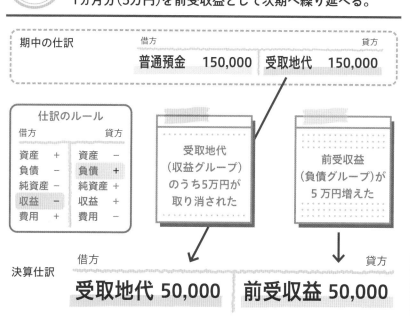

期中の仕訳

借方		貸方	
普通預金	150,000	受取地代	150,000

仕訳のルール

借方		貸方	
資産	＋	資産	－
負債	－	負債	＋
純資産	－	純資産	＋
収益	－	収益	＋
費用	＋	費用	－

受取地代
（収益グループ）
のうち5万円が
取り消された

前受収益
（負債グループ）が
5万円増えた

決算仕訳

借方		貸方	
受取地代	50,000	前受収益	50,000

当期の分をまだ支払っていない

「費用の見越し」というよ

当期に発生している水道光熱費や借入金の利息などの費用を次期にまとめて支払うことが決まっている場合は、当期に支払うべき分を見越して、費用と支払い義務が発生したことを表す決算仕訳を行う。

決算

次期にまとめて支払う予定

当期 ←―――――――――――――――――――→ 次期

当期分

| 決算仕訳 | 当期の未払分を当期の費用として計上し、相手科目に負債科目の「未払費用」を計上する |

仕訳例 **72**

期末に、金融機関からの借入金に対する利息の未払分1万円を未払費用として計上する。

期中の仕訳

仕訳なし

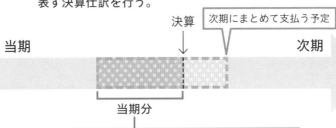

仕訳のルール	
借方	貸方
資産　＋	資産　－
負債　－	負債　＋
純資産 －	純資産 ＋
収益　－	収益　＋
費用　＋	費用　－

支払利息
（費用グループ）が
1万円発生した

未払費用
（負債グループ）が
1万円増えた

決算仕訳

借方　　　　　　　　　　　　　　　　　　貸方

支払利息　10,000　　未払費用 10,000

当期の分をまだ受け取っていない

当期に発生している利息や家賃などを次期にまとめて受け取ることが決まっている場合は、当期に受け取るべき分を見越して、収益と受け取る権利が発生したことを表す決算仕訳を行う。

「収益の見越し」というよ

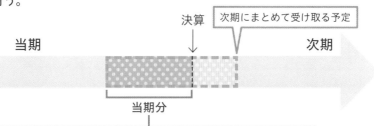

決算 ← 次期にまとめて受け取る予定

当期 | 次期

当期分

決算仕訳	当期の未収分を当期の収入として計上し、相手科目に資産科目の「未収収益」を計上する

仕訳例 **73**

期末に、定期預金に対する未収利息1万5,000円を未収収益として計上する。

期中の仕訳 **仕訳なし**

仕訳のルール

借方		貸方	
資産	＋	資産	－
負債	－	負債	＋
純資産	－	純資産	＋
収益	－	収益	＋
費用	＋	費用	－

未収収益（資産グループ）が1万5,000円増えた

受取利息（収益グループ）が1万5,000円増えた

決算仕訳

借方　　　　　　　　　　　　　　　貸方

未収収益 15,000　　受取利息 15,000

将来の貸倒損失を見越して決算書に組み込む

Q 貸倒れ（→ P88）で売掛金が回収できないと損失が発生してしまうよ……

A 貸倒れの可能性を会計に反映し、実態に即した損益を計算するための決算整理をするといいよ

貸倒引当金とは？

決算時点

売掛金が回収できないかも……

自社　→　将来受け取る予定のお金　→　取引先　**倒産**

— 決算仕訳 —

あらかじめ損失を計上

正しい損益計算のため、次期以降に見込まれる貸倒損失を「貸倒引当金繰入」として当期の費用に計上するとともに、資産から控除する「貸倒引当金」（資産のマイナス勘定）を計上する決算整理を行う。

売掛金　〇万円

回収できる見込み
▶売掛金のまま

回収できない可能性がある
▶「売掛金のうち〇％は回収できないもの」と評価し 貸倒引当金 を計上

仕訳例 74

決算にあたり、期末の売掛金残高の2%は貸倒れると見積もられるため、売掛金12万円に対して2%の貸倒引当金繰入と貸倒引当金を計上しておく。

貸倒見積高を計算して貸倒引当金繰入として費用に計上しよう。相手科目は貸倒引当金だよ

貸倒見積高の計算式

債権の期末残高 × 貸倒設定率 = 貸倒見積高

[仕訳例の場合] 12万円 × 2% = 2,400円

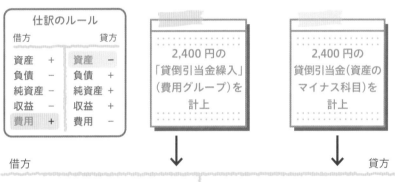

仕訳のルール	
借方	貸方
資産 ＋	資産 －
負債 －	負債 ＋
純資産 －	純資産 ＋
収益 －	収益 ＋
費用 ＋	費用 －

2,400円の「貸倒引当金繰入」（費用グループ）を計上

2,400円の貸倒引当金（資産のマイナス科目）を計上

借方

借方	貸方
貸倒引当金繰入 2,400	貸倒引当金 2,400

貸方

\ちゅうもく!/

貸倒引当金の計算はややこしい

貸倒引当金の仕訳は上の通りだが、実務での計算はもっと複雑。会社の規模や業種によっても、貸倒引当金を損金（法人税法上の経費）にできる要件や限度額、計算方法が異なる。

実は、貸倒引当金を計上しない中小企業も少なくないんだって

決算作業を
１つの表にまとめる

Q 精算表は、各科目の合計や残高を集計してまとめた「試算表」（→ P166）と何が違うの？

A 試算表にさまざまな決算整理を加えて、損益計算書と貸借対照表も合わせたものが精算表だよ

決 算の手続きがよくわかる

　決算の手続きを１つの表にまとめた表を「精算表」といいます。試算表から決算整理、損益計算書や貸借対照表の作成まで、決算全体の流れを理解するのに役立ち、よりスムーズに決算作業を進めることができます。

　一般的な精算表のフォーマットに、右のような「８桁精算表」があります。試算表、修正記入、損益計算書、貸借対照表の４つの欄があり、それぞれが借方欄、貸方欄に分かれます。

　修正記入欄のない６桁精算表や、決算整理後の残高試算表欄を加えた10桁精算表などを使うこともあります。

精算表を作ると決算の流れがよくわかるよ

 ８桁精算表は、８欄精算表と呼ばれることもある。

精算表のしくみ

精算表

試算表欄
決算整理をする前の試算表から各科目の金額（残高）を転記する。

修正記入欄
決算整理仕訳（→P168〜183）の結果を記入する。

決算書
試算表欄と修正記入欄の金額をもとに、費用・収益グループは損益計算書欄に、資産・負債・純資産グループは貸借対照表欄に記入する。

勘定科目	試算表		修正記入		損益計算書		貸借対照表	
	借方	貸方	借方	貸方	借方	貸方	借方	貸方

4つの欄それぞれが
借方と貸方に
分かれているのか

左から右へ
順に決算の手続きが
進んでいくんだよ

精算表の作成手順
は次ページへ！

185

まずは精算表の「勘定科目欄」と「試算表欄」を埋めていこう。試算表（→P166）の各勘定科目と残高をそのまま書き写せばOK

これは残高だけを示した残高試算表だね！

数字を小さくしたこの試算表から精算表を作ってみよう

残高試算表

○年○月○日

借方残高	勘定科目	貸方残高
1,300	現金	
60	現金過不足	
1,500	預金	
650	売掛金	
300	繰越商品	
1,000	車両運搬具	
	買掛金	500
	借入金	1,200
	資本金	2,000
	売上	7,000
	受取利息	10
3,500	仕入	
1,000	給与手当	
380	旅費交通費	
500	地代家賃	
250	消耗品費	
250	支払保険料	
20	支払利息	
10,710	合計	10,710

精算表

試算表の勘定科目を書き写す。

試算表の残高欄にある金額をそのまま転記。

勘定科目	試算表		修正記入		損益計
	借方	貸方	借方	貸方	借方
現金	1,300				
現金過不足	60				
預金	1,500				
売掛金	650				
繰越商品	300				
車両運搬具	1,000				
買掛金		500			
借入金		1,200			
資本金		2,000			
売上		7,000			
受取利息		10			
仕入	3,500				
給与手当	1,000				
旅費交通費	380				
地代家賃	500				
消耗品費	250				
支払保険料	250				
支払利息	20				
	10,710	10,710			

資産

負債 純資産 収益

費用

金額は一致する

へ～！
借方残高を借方に、貸方残高を貸方に書き写すだけだね。これなら簡単！

借方合計と貸方合計は、やっぱり一致するんだね

STEP2 へ
進もう！

187

つぎは決算整理で行った仕訳を「修正記入欄」
の借方、貸方にそれぞれ記入するよ。
必要な決算整理は、会社ごとに異なる。
ここでは下の決算仕訳を行ったものとして、
勘定科目と金額を書き写そう

決算整理で行った仕訳

あ　現金過不足を調整

借方		貸方	
雑損失	60	現金過不足	60

い　売上原価を計算

借方		貸方	
仕入	300	繰越商品	300
繰越商品	200	仕入	200

う　未使用の消耗品を次期の資産に振り替え

借方		貸方	
貯蔵品	100	消耗品費	100

え　減価償却費を計上

借方		貸方	
減価償却費	250	減価償却累計額	250

お　費用の繰り延べ

借方		貸方	
前払費用	200	支払保険料	200

か　費用の見越し

借方		貸方	
支払利息	15	未払費用	15

き　収益の見越し

借方		貸方	
未収収益	5	受取利息	5

く　貸倒引当金を計上

借方		貸方	
貸倒引当金繰入	10	貸倒引当金	10

違う欄に書かないよう
気をつけなくちゃ

精算表

決算整理の仕訳を
書き写す。

勘定科目	試算表		修正記入		損益計
	借方	貸方	借方	貸方	借方
現金	1,300				
現金過不足	60			あ 60	
預金	1,500				
売掛金	650				
繰越商品	300		い 200	い 300	
車両運搬具	1,000				
買掛金		500			
借入金		1,200			
資本金		2,000			
売上		7,000			
受取利息		10		き 5	
仕入	3,500		い 300	い 200	
給与手当	1,000				
旅費交通費	380				
地代家賃	500				
消耗品費	250			う 100	
支払保険料	250			お 200	
支払利息	20		か 15		
	10,710	10,710			
雑損失			あ 60		
貯蔵品			う 100		
減価償却費			え 250		
減価償却累計額				え 250	
前払費用			お 200		
未払費用				か 15	
未収収益			き 5		
貸倒引当金				く 10	
貸倒引当金繰入			く 10		
合計			1,140	1,140	

借方合計と貸方合計が
一致しないときは転記
ミスがないか見直そう

決算整理で
新しく出て
きた科目は
下に書き加
える。

↑　　　　↑
金額は一致する

STEP3 へ
進もう！

189

STEP3　左から右へ足し引きして記入する

今度は精算表の右半分にある「損益計算書欄」と「貸借対照表欄」を埋めていくよ

記入のポイント

1 一行ずつ、「試算表欄」の金額に「修正記入欄」の金額を加算または減算する

2 費用、収益グループの科目は損益計算書欄、資産、負債、純資産グループの科目は貸借対照表欄に記入する

決算書の配置（→ P63）と同じ側だね

| | | | | | | | 費用 | 収益 | 資産 | 負債
純資産 |
| | | | | | | | ↓ | ↓ | ↓ | ↓ |

勘定科目	試算表		修正記入		損益計算書		貸借対照表	
	借方	貸方	借方	貸方	借方	貸方	借方	貸方
現金	1,300						1,300	
現金過不足	60 ——→			▬ 60	0円になるので記入なし。			

同じ借方の 200 円を加算、貸方の 300 円を減算する。
資産グループなので貸借対照表の借方欄に。

| 繰越商品 | 300 ——— | | ＋200 ▬300 | | | | ——→ 200 | |

同じ借方の 300 円を加算、貸方の 200 円を減算する。
費用グループなので損益計算書の借方欄に。

| 仕入 | 3,500 ——— | | ＋300 ▬200 ↪3,600 | | | | | |

わかってきた！
借方同士や貸方同士なら
足し算して、逆なら引き算だね

190

精算表

だいぶ
埋まってきたね〜

勘定科目	試算表		修正記入		損益計算書		貸借対照表	
	借方	貸方	借方	貸方	借方	貸方	借方	貸方
現金	1,300						1,300	
現金過不足	60			60				
預金	1,500						1,500	
売掛金	650						650	
繰越商品	300		200	300			200	
車両運搬具	1,000						1,000	
買掛金		500						500
借入金		1,200						1,200
資本金		2,000						2,000
売上		7,000				7,000		
受取利息		10		5		15		
仕入	3,500		300	200	3,600			
給与手当	1,000				1,000			
旅費交通費	380				380			
地代家賃	500				500			
消耗品費	250			100	150			
支払保険料	250			200	50			
支払利息	20		15		35			
	10,710	10,710						
雑損失			60		60			
貯蔵品			100				100	
減価償却費			250		250			
減価償却累計額				250				250
前払費用			200				200	
未払費用				15				15
未収収益			5				5	
貸倒引当金				10				10
貸倒引当金繰入			10		10			
合計			1,140	1,140				

いよいよラスト！
STEP4 へ進もう

※「減価償却累計額」と「貸倒引当金」は資産グループだがマイナスを示す科目のため貸方に記入する。

損益計算書欄や貸借対照表欄の借方合計と
貸方合計が、何度見直しても一致しません!!
どうして〜？

勘定科目	試算表		修正記入		損益計算書		貸借対照表	
	借方	貸方	借方	貸方	借方	貸方	借方	貸方
			10		10			
			1,140	1,140	6,035	7,015	4,955	3,975
					↑	↑	↑	↑
					一致しない		一致しない	

よく気づいたね！
それは、最後のピースである
「当期純利益」が抜けているから。
損益計算書の説明で出てきた
儲けの計算式を使って求めよう

▶ P48
〜 51

損益計算書

費用

収益

利益

当期純利益の計算方法

損益計算書欄

$$\underset{\text{（貸方合計）}}{\boxed{\text{収益の合計}}} - \underset{\text{（借方合計）}}{\boxed{\text{費用の合計}}} = \boxed{\text{当期純利益}}$$

[右の精算表の場合]　**7,015 − 6,035 = 980**

費用が収益を上回るときは、「当期純損失」となる。

一番下の行に「当期純利益」を追加して、損益計算書欄の借方
と、貸借対照表欄の貸方に金額を記入すれば、精算表が完成！

精算表

やったー！完成したよ

勘定科目	試算表 借方	試算表 貸方	修正記入 借方	修正記入 貸方	損益計算書 借方	損益計算書 貸方	貸借対照表 借方	貸借対照表 貸方
現金	1,300						1,300	
現金過不足	60			60				
預金	1,500						1,500	
売掛金	650						650	
繰越商品	300		200	300			200	
車両運搬具	1,000						1,000	
買掛金		500						500
借入金		1,200						1,200
資本金		2,000						2,000
売上		7,000				7,000		
受取利息		10		5		15		
仕入	3,500		300	200	3,600			
給与手当	1,000				1,000			
旅費交通費	380				380			
地代家賃	500				500			
消耗品費	250			100	150			
支払保険料	250			200	50			
支払利息	20		15		35			
	10,710	10,710						
雑損失			60		60			
貯蔵品			100				100	
減価償却費			250		250			
減価償却累計額				250				250
前払費用			200				200	
未払費用				15				15
未収収益			5				5	
貸倒引当金				10				10
貸倒引当金繰入			10		10			
当期純利益					980			980
合計			1,140	1,140	7,015	7,015	4,955	4,955

費用の合計
6,035 円

収益の合計
7,015 円

少しの調整だけで P/L、B/S が完成！

最後に、精算表を少し調整すると、損益計算書（P/L）と貸借対照表（B/S）が出来上がるよ

「仕入」を「売上原価」に変える。

精算表の損益計算書欄と見比べてみて ▶P193

会社名や会計期間を記入する。

「売上」を「売上高」に変える。

損益計算書

〇〇株式会社　　〇年〇月〇日～〇年〇月〇日

費用	金額	収益	金額
売上原価	3,600	売上高	7,000
給与手当	1,000	受取利息	15
旅費交通費	380		
地代家賃	500		
消耗品費	150		
貸倒引当金繰入	10		
減価償却費	250		
支払保険料	50		
支払利息	35		
雑損失	60		
当期純利益	980		
	7,015		7,015

「当期純利益」を赤字で記入する。

金額は必ず一致

実務で一般的な
報告式に変えると
こんな感じ！

損益計算書（報告式）

〇〇株式会社

〇年〇月〇日～〇年〇月〇日

Ⅰ	売上高		7,000
Ⅱ	売上原価		
	1. 期首商品棚卸高	300	
	2. 当期商品仕入高	3,500	
	合計	3,800	
	3. 期末商品棚卸高	200	3,600
	売上総利益		3,400
Ⅲ	販売費及び一般管理費		
	1. 給与手当	1,000	
	2. 旅費交通費	380	
	3. 地代家賃	500	
	4. 消耗品費	150	
	5. 貸倒引当金繰入	10	
	6. 減価償却費	250	
	7. 支払保険料	50	2,340
	営業利益		1,060
Ⅳ	営業外収益		
	1. 受取利息		15
Ⅴ	営業外費用		
	1. 支払利息	35	
	2. 雑損失	60	95
	経常利益		980
Ⅵ	特別利益		0
Ⅶ	特別損失		0
	税引前当期純利益		980
	法人税等		0
	当期純利益		980

決算整理での売上原価
の計算（→ P170）を
まとめたもの。前期か
らの繰越商品を「期首
商品棚卸高」、次期へ
の繰越商品を「期末商
品棚卸高」と記入する。

※実際は、当期純利益があ
る場合には法人税を計
算・計上して当期純利益
から差し引く必要がある
が、本書では割愛。

5つの利益を見ていくと
どう稼いで、何に支払ったかが
見えてくるよ！（→ P51）

次は貸借対照表（B/S）
を完成させよう

貸借対照表の仕上げは、資産グループの
マイナス勘定である「貸倒引当金」や
「減価償却累計額」の位置に要注意！

貸方にあった「貸倒引当金」
は「売掛金」の下に△をつ
けて記入する。

精算表の貸借対照表欄
と見比べよう

▶P193

会社名や決算日
を記入する。

貸借対照表

〇〇株式会社　　　　〇年〇月〇日

資産の部	金額	負債の部	金額
現金	1,300	買掛金	500
普通預金	1,500	借入金	1,200
売掛金	650	未払費用	15
貸倒引当金	△ 10		
商品	200		
貯蔵品	100	負債合計	1,715
前払費用	200	純資産の部	金額
未収収益	5	資本金	2,000
車両運搬具	1,000	当期純利益	980
減価償却累計額	△ 250	純資産合計	2,980
資産合計	4,695	負債・純資産合計	4,695

金額は必ず一致

「繰越商品」
を「商品」に
変える。

貸方にあった「減価償却累
計額」は「車両運搬具」の
下に△をつけて記入する。

「当期純利益」を記
入する（当期純損失
ならば△をつける）。

あれ？
精算表と合計額
が違うよ

貸倒引当金と減価償却
累計額が借方（左側）
に移動した分、合計額
が変わったんだね！

Q 決算の手続きが済んだら
ひと通り終わりですよね？

A 1年の締めくくりには、
「帳簿の締め切り」という
次期への準備もあるよ

当期と次期の帳簿を区切っておく

決算日を迎えると、また新しい会計年度が始まります。決算書類は毎年その年のものを作成しますが、そのもとになる帳簿は会社が続く限りずっと繰り越してつながっていくもの。そのため、「当期の帳簿はここまで」と区切って、次期の帳簿をスタートさせる準備が必要です。これを「帳簿の締め切り」といいます。

費用・収益グループは各勘定科目の金額がゼロになるように整理し、資産・負債・純資産グループでは期末残高を次期に繰り越します。会計ソフトなら繰越処理を進めれば手間はかかりませんが、こうした手続きが行われているということを知っておきましょう。

確定申告は2ヵ月以内に

確定申告は、決算をもとに納める税額を計算して税務申告を行うこと。原則として、法人の場合は決算日の翌日から2ヵ月以内に、個人事業主は1月1日～12月31日の所得や税額を計算して翌2月16日～3月15日までに、確定申告・納税を行わなくてはなりません。

限られた時間で決算手続きや確定申告・納税を進めるために、日々の簿記をコツコツと進めておくようにしましょう。

コツコツ取り組んで
レベルアップ！

すんなりわかる！ ひとこと用語集

 あ

相手勘定科目
（あいて かんじょう かもく）

仕訳をしたときに、一方の勘定科目から見て逆側にある勘定科目。相手科目ともいう。

赤字
（あかじ）

支出が収入を上回って損失が出ている状態。利益がマイナスになっている。

一括償却資産
（いっかつしょうきゃく しさん）

３年間での均等償却を選択できる、取得価額10万円以上20万円未満の減価償却資産。

受取人
（うけとりにん）

振り出された小切手や手形を受け取った人（企業）のこと。

内金
（うちきん）

商品売買で、商品が引き渡される前に買い手から売り手へ支払われる代金の一部。手付金ともいう。

売上原価
（うりあげげんか）

実際に売り上げた分（売上高）に対応する仕入原価または製造原価のこと。

売上債権
（うりあげさいけん）

売上代金の未回収分のことで、一般的には売掛金や受取手形のことを指す。

売上総利益
（うりあげそう りえき）

売上高から売上原価を差し引いた利益のことで、「粗利」とも呼ばれる。

営業利益
（えいぎょう りえき）

売上総利益から販売費及び一般管理費を差し引いた利益。本業で稼いだ利益といえる。

 か

会計
（かいけい）

金銭や物品の出入りや不動産の増減などを記録・集計してまとめ、報告すること。

会計期間
（かいけい きかん）

決算書の作成対象期間。会社ごとに自由に設定できるが、１年間を１会計期間とすることが多い。事業年度や会計年度と呼ぶことも。

額面
（がくめん）

小切手や手形といった有価証券に記載された金額のこと。

掛け
（かけ）

商品やサービスの提供時ではなく、あと払いで代金を精算する売買のこと。ツケともいう。

貸方
（かしかた）

複式簿記で、左右に振り分けて記載するときの右側のこと。

貸倒損失
（かしだおれそんしつ）

当期の売掛金などの売上債権が回収できなくなったときの損失のこと。

株価
（かぶか）

株式の価格。そのときの株式市場での需要と供給のバランスによって決まる。

株式
（かぶしき）

株式会社に出資した人（株主）の権利を示すもの。

株主
（かぶぬし）

株式会社に出資した人のこと。

借方 (かりかた)

複式簿記で、左右に振り分けて記載するときの左側のこと。

為替手形 (かわせてがた)

手形の1つで、手形を振り出す人、支払う人、受け取る人の三者間での取引で用いられる。

勘定 (かんじょう)

簿記で取引を記録するための形式、単位のこと。略した勘定科目を指すことも。

期首商品棚卸高 (きしゅしょうひんたなおろしだか)

前期からの繰り越しで、会計期間のはじめに会社が保有している在庫の額。

期末商品棚卸高 (きまつしょうひんたなおろしだか)

会計期間の最終日（決算日）に会社が保有している在庫で、次期へ繰り越す額。

逆仕訳 (ぎゃくしわけ)

間違えた仕訳を取り消したいときなどに、貸借を逆にして仕訳すること。

繰り延べ (くりのべ)

次期の収益や費用ではあるが、前払いで当期中に受け取りや支払いをしたものを、当期の分から取り除く決算処理。

黒字 (くろじ)

収入が支出を上回って利益が出ている状態。またはその金額。

計上 (けいじょう)

取引した金額を帳簿に記入して、全体の計算や決算書に反映させること。

経常利益 (けいじょうりえき)

本業の儲けである営業利益に、本業以外で生じた収益や費用を足し引きしたもの。

決算 (けっさん)

会計期間の儲けや損を計算して、決算日時点での財産状況をまとめること。

決算書 (けっさんしょ)

損益計算書や貸借対照表など、会社の経営状態や財産状況をまとめた書類。

決算整理 (けっさんせいり)

正確な決算書を作るために、決算時に帳簿を修正する手続き（処理）のこと。

減価償却資産 (げんかしょうきゃくしさん)

建物や車両運搬具、機械装置、備品など、時間の経過によって価値が減っていく資産。

小切手 (こぎって)

銀行を介して代金の支払いや受け取りができる有価証券。

国債 (こくさい)

国が発行する債権。一般に、利子は半年に一回支払われ、満期時に元本が償還される。

債権 (さいけん)

特定の相手に、代金の支払いや役務の提供などを請求できる権利。

財産 (ざいさん)

有形無形の価値のあるものの総称。借入金も財産のうちと考えられる。

債務 (さいむ)

代金の支払いや役務の提供などを特定の相手に果たさなければならない義務。

財務諸表 (ざいむしょひょう)

上場企業が金融商品取引法に基づいて作成する決算書の正式名称。

時価 (じか)

定まった価格のない商品の、その時点における市場価格。

次期 (じき)

現在の会計期間（当期）の1つあとの会計期間。翌期ともいう。

資金繰り

支払いと入金のタイミングを見計らって、資金をやりくりすること。

試算表

月末や期末などのタイミングに、それまでの取引を集計して作成される一覧表。

支払人

小切手や手形の金額を支払う義務のある人（企業）のこと。

四半期決算

1年を4期に分けて、3ヵ月ごとに行う決算のこと。

収益

売上や不動産の賃貸収入など、経済活動で会社に入ってきたお金。

出資

事業を営むための資金として、金銭などを会社に提供すること。

取得価額

ある資産を購入するのにかかった費用。購入価格に付随費用を加えた額。

上場企業

証券取引所に自社の株式を公開している企業のこと。

証憑

請求書や領収書など、取引の事実を証明する証拠になるもの。

諸口

仕訳において、相手勘定科目が複数あるときに使用される用語。

仕訳

複式簿記で、取引を2つに分け左右に振り分けて記録すること。

仕訳帳

すべての取引の仕訳を日付順に記録する帳簿。仕訳日記帳とも呼ばれる。

精算表

決算手続きの一連の流れを1つにまとめた表。決算書の作成をスムーズにする。

税引前当期純利益

経常利益に臨時に発生した損益を足し引きした利益。

前期

現在の会計期間（当期）の1つ前の会計期間のこと。

損失

収益から費用を差し引いた金額がマイナスだった場合のマイナス金額。プラスのときは「利益」という。

貸借

貸し借りのこと。簿記では借方、貸方のことをまとめて指す。

耐用年数

固定資産ごとに、何年間使用に耐えられるか設定される年数。

棚卸し

在庫の種類や数量をカウントし、評価額を実際に確認すること。

地方債

都道府県や市町村など地方公共団体が発行する債権。

中間決算

1会計期間のちょうど中間で行う決算。四半期決算のうち、第2四半期決算のこと。

帳簿価額

帳簿に記載された資産や負債の価額。簿価ともいう。

手形

記載した金額を、記載した支払期日に支払うことを約束する有価証券。

手付金 (てつけきん)

商品売買で、商品が引き渡される前に買い手から売り手へ支払われる代金の一部。内金ともいう。

転記 (てんき)

簿記では、仕訳帳に記載した仕訳を総勘定元帳に書き写すことをいう。

天引き (てんびき)

給与を支払うときなどに、税金や保険料などをあらかじめ差し引くこと。

当期 (とうき)

現在の会計期間のこと。

当期純利益 (とうきじゅんりえき)

1会計期間のすべての収益からすべての費用・税金等を差し引いた最終的な利益。

当座預金 (とうざよきん)

預金者が振り出した小切手や手形の支払いをするための預金。原則として無利子。

投資 (とうし)

将来の利益を増やすことを目的として、資金を投じること。設備投資、人材投資、株式投資などがある。

得意先 (とくいさき)

商品やサービスを購入してくれる顧客のなかでも、頻繁に取引をしている相手のこと。

配当 (はいとう)

株主のもつ株式数に応じて、会社の利益を割り当てて配ること。配当された金銭を配当金という。

販管費 (はんかんひ)

「販売費及び一般管理費」の略語で、商品やサービスの管理・販売に必要な費用のこと。

引当金 (ひきあてきん)

将来の支出（費用や損失の発生）に備えて、あらかじめ計上しておく見積金額。

振り替え (ふりかえ)

ある勘定科目を別の勘定科目に修正するために勘定間で金額を移すこと。

振出人 (ふりだしにん)

小切手や手形を発行した人（企業）のこと。

不渡り (ふわたり)

小切手や手形が、預金不足などによって期日までに現金化できない状態。

マイナスの財産 (ざいさん)

借入金や買掛金など、将来、返さなくてはならない負債のこと。

満期日 (まんきび)

手形に記載された金額が支払われるべき期日。単に「満期」ともいう。

見越し (みこし)

当期の収益や費用ではあるが、あと払い（次期の受け取りや支払い）になっているものを、当期の分として計上する決算処理。

有価証券 (ゆうかしょうけん)

株券や債券、投資信託、小切手、手形などの換金価値をもつ証券。

利益 (りえき)

収益から費用を差し引いた残り。マイナスになったときは「損失」という。

利息 (りそく)

お金の貸し借りをしたときに、その対価として一定の割合で発生する金銭。

(手形)割引 (わりびき)

満期日になる前の手形を銀行に譲渡し、手数料を差し引いた金額で換金すること。

勘定科目＆簿記用語 索引

監修者

大下 航 （おおした わたる）

税理士法人千代田タックスパートナーズ代表。昭和 54 年生まれ。監査法人、会計事務所勤務、税理士法人パートナーを経て独立後、2023 年から現職。国内外の幅広い業種・法人形態の会計税務に対応。ベンチャー企業への投資・業務支援を積極的に行っており、IT を利用した業務の効率化が得意。監修書に『オールカラー　知識ゼロから読めるようになる！決算書「超」入門』（ナツメ社）などがある。

税理士法人千代田タックスパートナーズ
東京都千代田区内神田 1-14-5 NK 内神田ビル 3 階
Tel. 03-3233-1988

- ● 編集協力　　　　高野恵子（オフィス 201）
- ● 本文デザイン　　南雲デザイン
- ● イラスト　　　　さいとうあずみ
- ● 校正　　　　　　渡邉郁夫
- ● 編集担当　　　　野中あずみ（ナツメ出版企画）

本書に関するお問い合わせは、書名・発行日・該当ページを明記の上、下記のいずれかの方法にてお送りください。電話でのお問い合わせはお受けしておりません。
- ・ナツメ社 web サイトの問い合わせフォーム
　https://www.natsume.co.jp/contact
- ・FAX（03-3291-1305）
- ・郵送（下記、ナツメ出版企画株式会社宛て）

なお、回答までに日にちをいただく場合があります。正誤のお問い合わせ以外の書籍内容に関する解説・個別の相談は行っておりません。あらかじめご了承ください。

ナツメ社Webサイト
https://www.natsume.co.jp
書籍の最新情報（正誤情報を含む）は
ナツメ社Webサイトをご覧ください。

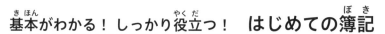

基本がわかる！ しっかり役立つ！　はじめての簿記

2024 年 7 月 2 日　初版発行

監修者	大下 航 （おおした わたる）	Oshita Wataru,2024
発行者	田村正隆	
発行所	株式会社ナツメ社	
	東京都千代田区神田神保町 1-52　ナツメ社ビル 1F（〒 101-0051）	
	電話　03（3291）1257（代表）　FAX　03（3291）5761	
	振替　00130-1-58661	
制　作	ナツメ出版企画株式会社	
	東京都千代田区神田神保町 1-52　ナツメ社ビル 3F（〒 101-0051）	
	電話　03（3295）3921（代表）	
印刷所	ラン印刷社	

ISBN978-4-8163-7570-5　　　　　　　　　　　　　　　　Printed in Japan